Texte für den Ethikunterricht · Recht und Gerechtigkeit

Texte für den ETHIKUNTERRICHT

Recht und Gerechtigkeit

Herausgegeben von einer Arbeitsgruppe
(Edmund Langer, Eberhard von Lochner,
Bernd Lohse, Hans Recknagel, Alfred Rölz)

VERLAG LUDWIG AUER DONAUWÖRTH

Vom Bayerischen Staatsministerium für Unterricht und Kultus zum lernmittelfreien Gebrauch für die Jahrgangsstufen 12 und 13 an Gymnasien zugelassen. Zulassungs-Nr. 12/188/78-G.

1. Auflage. 1979 1 6 5 4 89 88 87
Unveränderter Nachdruck

Gesamtherstellung: Ludwig Auer GmbH, Donauwörth
ISBN 3-403-00**956**-4

Inhalt

Vorwort

Für den Themenbereich „Recht und Gerechtigkeit" scheinen den Herausgebern drei Aspekte von besonderer Bedeutung:

1. Ein theoretischer Bereich, in dem sich nicht nur Philosophen und Theologen, sondern auch Juristen, Journalisten, Psychologen und Verhaltensforscher zu Begriffen wie Schuld, Verantwortung, Sühne, Strafe, Gerechtigkeit äußern.
2. Ein stark praxisbezogener Bereich, der von den Problemen der Kriminalitätsentstehung über die der Justiz und ihrer einzelnen Institutionen bis zur (Wieder-)Eingliederung von Straftätern in unsere Gesellschaft reicht. Dies ist ein Bereich, der jedem von uns, mehr oder weniger stark reflektiert, gegenwärtig ist.
3. Der private Bereich unseres eigenen Verhaltens bestimmt zumindest teilweise auch unser Verhältnis zu den beiden anderen Bereichen: Wir „praktizieren" täglich Recht und Gerechtigkeit im Umgang mit unseren Mitmenschen.

Die vorliegende Textsammlung hat sich auf die beiden ersten Bereiche beschränkt. Zum dritten Bereich sind einzelne Anregungen aufgenommen worden, doch muß hier der Lehrer konkrete Erfahrungen seiner Kursgruppe im aktuellen Augenblick aufgreifen. „Vorgefertigte" Situationen, im distanzierten Text vermittelt, scheinen uns für die Erarbeitung dieses Bereiches wenig geeignet. Wir möchten jedoch an seine grundlegende Bedeutung an dieser Stelle ausdrücklich erinnern.

Wenn bestimmte Themengebiete nicht angeboten wurden, wie z. B. Politik, dann deshalb, weil nach unserer Meinung zur Behandlung politischer Erscheinungsformen aktuelle Bezüge notwendig sind. Hier besteht jedoch die Gefahr der Veraltung. Bei anderen politischen Themen bietet der Unterricht in Sozialkunde und zum Teil auch in Geschichte weitaus mehr Stoff und Informationsmöglichkeiten.

1. Recht, Gerechtigkeit, Schuld und Strafe

1.0

ANTON GRIFFEL

Der Mensch – frei und verantwortlich

Unser Freiheitserleben geht über die Empfindung des Nichtbestimmtseins durch irgendetwas außer uns oder durch unsere Eigenschaften hinaus auf das Erlebnis einer in uns selbst gelegenen positiven, aktiven Kraft, aus uns selbst Wollen hervorzubringen.

Menschliche Freiheit hat nur Sinn im Hinblick auf die Vernunft, die uns Sinn und Wert unseres Handelns vorstellt. Sie ist aber nicht etwa einseitige Freiheit zu sittlichem, normgemäßem Handeln, sondern, wie schon oben ausgeführt, ebenso auch zum Zuwiderhandeln. Gerade in der Entscheidung zwischen Norm und Normwidrigkeit liegt nach unserem Erleben sittliche Freiheit. Es gibt keinen richtigen oder falschen Gebrauch der Freiheit. Es gibt überhaupt nicht die Möglichkeit, von der Freiheit Gebrauch zu machen oder nicht. Freiheit ist nicht etwas, was der Mensch hat, sondern der Mensch *ist* frei nach seinem inneren Erleben. Der Mensch, der unausweichlich zum Vollzug seines Lebens durch Handeln gezwungen ist, vermag dies nach seinem inneren Erleben als denkendes Wesen nicht anders als in bewußter Sinn- und Wertbezogenheit durch willentliche Gestaltung zu leisten. Es liegt daher eine gerechtfertigte Überzeugung dem Ausspruch des Bundesgerichtshofs (Entscheidungen in Strafsachen Bd. 2 S. 200) zugrunde, daß der Mensch auf freie, verantwortliche, sittliche Selbstbestimmung angelegt und deshalb befähigt ist, sich für das Recht und gegen das Unrecht zu entscheiden.

Daß aus der Bejahung der Freiheit, aus dem Erlebnis, daß der Mensch dem Sollensaufruf aus sich selbst heraus – ihn befolgend oder ihm zuwiderhandelnd – antworten kann und antwortet, Verantwortlichkeit zu begründen ist, ist selbstverständlich. Verantwortlichkeit ist das ganz Wesentliche und entscheidend Besondere im Menschlichen. Verantwortlich gemacht wird nicht irgendetwas im Menschen, etwa sein „Charakter", sondern der Mensch als Person, als Ich-bewußtes und bewußt handelndes und seine Verantwortlichkeit bejahendes Wesen. Walter Schulz spricht hier vom „innersten Punkt des Selbstverständnisses" des Menschen. Der Begriff ist so wichtig, daß, wie noch auszuführen sein wird, auch die meisten Deterministen nicht auf ihn verzichten wollen. Tatsächlich haben wir – ebenso unmittelbar wie das Gefühl des Nichtbestimmtseins und des Anderswollenkönnens – das Gefühl, für unser Handeln und seine Folgen verantwortlich zu sein, und zwar sowohl gegenüber uns selbst wie gegenüber unseren Mitmenschen. Schon das Kind rechnet von einer gewissen Entwicklungsstufe an mit Selbstverständlichkeit sein Tun seinem Ich zu, und nur in bewußtem Scherz sagt es: „Meine Hand hat dich geschlagen." Es wird, wenn es für die eingeworfene Fensterscheibe verantwortlich gemacht wird, zur Verteidigung – wahrheitsgemäß oder der Wahrheit zuwider – geltend machen, daß es die Fensterscheibe gar nicht einwerfen wollte, daß es nur aus Versehen passiert sei. Es wird kaum auf den Gedanken kommen zu sagen, es habe die Fensterscheibe einwerfen wollen, aber es habe nicht anders wollen können. Dabei weiß das Kind alsbald, daß es auch für die versehentlich eingeworfene Fensterscheibe verantwortlich ist, da der Schaden durch sein Verhalten verursacht wurde. Es weiß aber auch, daß das Versehen weniger vorwerfbar ist als das vorsätzliche Handeln. Die Sprache stellt ihm dafür die grundlegenden Unterscheidungen bereit, und mit dem Sprachverstehen entwickelt sich das Verstehen der sachlichen Unterschiede.

Eine Selbstverständlichkeit ist es für den reifen Urteilsfähigen – wie das auch unseren Rechtsordnungen entspricht –, daß Geisteskranke – unbeschadet sichernder Maßnahmen – für ihr Tun nicht verantwortlich gemacht werden, weil sie nicht Herr ihres Willens sind.

Wie erwähnt, steht neben dem Gefühl der Verantwortung nach außen immer auch das Gefühl der Verantwortlichkeit vor sich selber. Erst das Gefühl der Verantwortlichkeit vor sich selbst begründet die innere Bejahung der Verantwortlichkeit gegenüber den Mitmenschen, die andernfalls nur als aufgezwungen erschiene.

Das Maß der Verantwortung nach außen wächst mit der dem einzelnen zufallenden Machtfülle. Der Politiker, der durch falsche Entscheidungen Nachteile für eine unübersehbare Zahl von Menschen heraufbeschwören kann, kann durch nichts, auch nicht durch sühnende Aufopferung seiner Person, eine irgendwie beachtliche Ausgleichung erreichen. Aber auch wenn er keine greifbaren Nachteile bewirkt, müßte er immer vor sich selbst die Frage stellen, was er besser machen könnte oder hätte machen können.

Die Verantwortlichkeit vor sich selbst steht in unmittelbarem Zusammenhang mit dem inneren Ehrgefühl. Dieses Ehrgefühl ist eine völlig vom Ich-Denken und der Verantwortlichkeit des Ich beherrschte Haltung. Böses Handeln bewirkt nicht nur eine mehr oder weniger empfindliche Minderung der Selbstachtung, sondern vor allem auch eine Beeinträchtigung der Achtung der Umwelt. Trotz der Versuche der Trennung von Moral und Recht ist es nicht wirklich möglich, wenigstens in schweren Fällen, bei rechtlichem Verantwortlichmachen wegen begangenen Unrechts das Unwerturteil der Bevölkerung völlig auszuschalten. Handelt der Täter im Bewußtsein des Unrechts meist heimlich, um nach Möglichkeit der Entdeckung und Verantwortung zu entgehen, so leugnet er häufig nach Entdeckung auch angesichts sicherer Verurteilung, ja sogar noch nach der Verurteilung und Strafverbüßung, wobei es ihm nur um den Achtungsverlust gehen kann, dem er wenigstens die Behauptung seiner Unschuld entgegensetzen will.

Der Inhalt der Verantwortlichkeit für eigenes Verhalten gegenüber anderen geht nach dem unmittelbaren Empfinden auf die Verpflichtung, angerichteten Schaden zu beseitigen oder wiedergutzumachen und gegebene Versprechungen zu halten, für abhängige Personen zu sorgen usw. Er geht unter Umständen auch dahin, wegen eines angerichteten Schadens, insbesondere wenn er nicht wiedergutgemacht werden kann (Tötung eines Menschen), irgendeine Sühne zu leisten,

die sinnvollerweise etwa in positiver, selbstloser Leistung für andere bestehen könnte. Auf Einzelheiten kommt es hier nicht an; von Bedeutung ist hier nur das unstreitige innere Erlebnis, für sein Handeln, insbesondere für die Nichterfüllung eines Sollensauftrages verantwortlich zu sein.
Wirklich verantwortlich gemacht werden kann der Mensch durch andere nur, wo er auch vor sich selbst verantwortlich ist, letzten Endes also als frei und schuldfähig angesehen wird. Echtes Recht setzt immer die Bejahung des Menschen als Subjekt seines Handelns sowie die grundsätzliche innere Bejahung des an sich heteronomen Rechts durch die überwiegende Zahl der urteilsfähigen Menschen voraus. Und rechtliche Macht gegen Menschen kann anderen Menschen nur zustehen, wenn sie dafür echte innere Verantwortung anerkennen und von den Gewaltunterworfenen hierin anerkannt werden.

Griffel, A.: Der Mensch – Wesen ohne Verantwortung? Regensburg 1975, S. 209 ff.

1.1 Recht

1.1.1

HUGO GROTIUS

Über die Entstehung des Natur- und Völkerrechts

1. Das natürliche Recht ist ein Gebot der Vernunft, welches anzeigt, daß einer Handlung wegen ihrer Übereinstimmung oder Nichtübereinstimmung mit der vernünftigen Natur selbst eine moralische Häßlichkeit oder eine moralische Notwendigkeit innewohnt, weshalb Gott als der Schöpfer der Natur eine solche Handlung entweder geboten oder verboten hat.
2. Handlungen, für welche ein solches Gebot besteht, sind an sich geschuldet oder unerlaubt, und deshalb gelten sie als von Gott notwendig geboten oder verboten. Durch diese Merkmale unterscheidet sich dieses Recht nicht nur von dem menschlichen Recht, sondern auch von dem „willkürlichen" göttlichen Recht[1], welches nicht das gebietet oder verbietet, was von selbst und durch seine eigene Natur nötig oder unerlaubt ist, sondern was erst durch Gottes Verbot das Unerlaubtsein und durch sein Gebot das Schuldigsein hervorbringt.
3. Zum Verständnis des göttlichen Rechts ist noch zu bemerken, daß Einzelnes zu diesem Recht nicht eigentlich, sondern nach dem Ausdruck der Schulden nur „reductiv" dazugehört, insofern das natürliche Recht ihm nicht entgegensteht. In diesem Sinne haben wir mit Recht das bezeichnet, was nicht ungerecht ist. Mitunter wird auch das mißbräuchlich mit natürlichem Recht bezeichnet, was die Vernunft für anständig und besser als das Gegenteil, wenn auch nicht als verbindlich anerkennt.
4. Übrigens handelt das Naturrecht nicht bloß von dem, was innerhalb des

---

1 Es nimmt seinen Ursprung aus dem göttlichen Willen, durch Christus.

Willens des Menschen steht, sondern auch von vielem, was die Folge des menschlichen Wollens und Handelns ist. So hat der Wille des Menschen das Lügentum, wie es jetzt besteht, eingeführt. Aber nachdem dies geschehen ist, sagt mir schon das Naturrecht, daß es ungerecht ist, sich etwas wider den Willen des Eigentümers anzueignen. (I, 1, 10)

Daß es aber naturrechtliche Bestimmungen gibt, pflegt man teils direkt, teils indirekt zu beweisen; der direkte Beweis ist scharfsinniger, der indirekte allgemein verständlicher. Der erste besteht darin, daß gezeigt wird, daß etwas notwendigerweise mit der vernünftigen Natur und Gesellschaft im Einklang steht oder nicht. Ein indirekter Beweis ist es, wenn man zwar nicht mit voller Gewißheit, aber doch mit großer Wahrscheinlichkeit das Naturrechtliche einer Bestimmung daraus ableitet, daß es bei allen Völkern oder bei allen gesitteten Völkern dafür gehalten wird. Denn eine allgemein beobachtete Wirkung setzt eine allgemeine Ursache voraus; der Grund einer solchen allgemeinen Meinung kann aber wohl nur in dem gefunden werden, was man den gesunden Menschenverstand nennt. (I, 1, 12)

(Das menschliche Recht) ist entweder innerstaatliches Recht, oder es hat eine weitere oder engere Geltung. Das innerstaatliche Recht kommt von der staatlichen Obrigkeit, d. h. von der, welche dem Staat vorsteht; der Staat aber ist eine vollkommene Verbindung freier Menschen, die sich des Rechtsschutzes und des Nutzens wegen zusammengetan haben. Das Recht mit engerer Geltung, das von der bürgerlichen Obrigkeit nicht ausgeht, obgleich es von ihr abhängig ist, ist verschieden und umfaßt die Gebote des Vaters, des Sklavenhalters und ähnliches. Das Recht mit weiterer Geltung ist das Völkerrecht, welches durch den Willen aller oder vieler Völker seine verbindliche Kraft erhalten hat. Ich habe gesagt „vieler", weil außer dem Naturrecht ein Recht, und selbst ein sog. Völkerrecht, kaum zu finden ist, das bei allen Völkern gilt. Vielmehr ist oft in einem Teil der Erde etwas völkerrechtsgemäß, in dem anderen aber nicht . . . (I, 1, 14)

(Aus: Hugo Grotius, De iure belli ac pacis, 1625. Tübingen 1950)

1.1.2

ERNST BLOCH

Naturrecht und bürgerliches Individuum (Kritik des Ansatzes von Grotius)

Grotius machte vor allem den Ausgangspunkt optimistischer[2]: nicht *Selbsterhaltungstrieb* mit *Furcht* vor dem Nächsten, sondern *Geselligkeitstrieb,* appetitus socialis, führte zum Staatsvertrag. Damit ist der Anschluß an die Stoa wieder erreicht (auch an Aristoteles, den ersten Lehrer des Menschen als eines an sich geselligen Lebewesens). Nun schien es lediglich notwendig, von dieser Feststellung aus streng logisch weiterzuschreiten, und niemand könne, ohne sich Gewalt anzutun, die Wahrheit der Ergebnisse bezweifeln. Die Gemäßheit eines Rechts-

---

2 als Hobbes

satzes zum natürlichen Recht wird bei Grotius zwar auch a posteriori erschlossen, nämlich aus der vergleichbaren, nachprüfbaren, allgemeinen Geltung dieses Rechtssatzes unter allen Völkern und in allen Zeiten. Doch ist ihm diese Methode unsicher, mindestens, wie jede induktive, nicht apodiktisch, folglich in ihrem Resultat nicht verpflichtend. Unbezweifelbar also ist nur die Konstruktion der gültigen Rechtsinhalte aus einem festgehaltenen Anfangsprinzip der Rechtsschöpfung überhaupt; dieses Falls aus dem Prinzip der Geselligkeit; Unrecht ist, was einer geordneten Gemeinschaft individueller Vernunftwesen widerstreitet, und alles, was nicht Unrecht ist, ist Recht. Eine negative, höchst liberale Definition des Rechts, der sich die positive anschließt: Recht ist alles und nur dieses ist Recht, was natürlicher Sozialtrieb und seiner gemeinsamen Befriedigung für sich und andere evident gemäß ist. So ist ius naturale ein „dictatum rectae rationis", und recta ratio ist Übereinstimmung mit der vernünftigen und allgemeinen Menschennatur. „Was zu verschiedenen Zeiten und an verschiedenen Orten für gewiß gehalten wurde, das muß auf eine allgemeine Ursache (ad causum universalem) bezogen werden" (De iure belli et pacis, Proleg. 40). Anerkennung des Eigentums gehört im bürgerlichen Ideal des Grotius selbstverständlich zu den Grundrechten; so weit ging die „natura socialis" nicht, daß sie sich als Natur des gegebenen und gerade aufsteigenden kapitalistischen Individuums vergessen hätte. Dadurch[3] aber trennt Grotius das humane Naturrecht, als Schöpfung der menschlichen Vernunft, erstmals klar von den theologischen Zusammenhängen ab – die alte Verbindung von ius naturae und lex divina wird zerrissen. Das Vernunftgesetz, sagt Grotius, gälte auch dann, wenn es – per impossibile – keinen Gott gäbe; die Identifikation des Naturrechts mit dem Dekalog wird aufgegeben, sonderlich mit der Bergpredigt. Grotius zerreißt zwar den Zusammenhang mit der Bergpredigt lediglich wegen deren „höheren Heiligkeit" und steht – in seinem Bibelkommentar, in seiner Apologetik – durchaus auf dem Boden des Schriftworts, nicht der Indifferenz. Es geht nur so weit, daß er der Einigung der katholischen und protestantischen Kirche das Wort redet, der allen Sektierungen gemeinsamen Christlichkeit (De veritate religionis Christianae, 1627). Dennoch ist der Bezug seines kosmopolitischen Naturrechts zur Toleranz, zur Universalität und Ratio der wenig später wirkenden „Naturreligion", das heißt einer allen Menschen der Erde vor der Sektentrennung nachwirkend gemeinsamen, mit Händen greifbar. Bei aller Weite freilich dachte Grotius, ein Vertreter der städtischen Aristokratie, noch durchaus ständisch. Er steht in diesem einen Punkt hinter Hobbes zurück, hinter dessen Egalisierung des Bürgertums (um den Preis der Nullität). Grotius hatte das Naturrecht von der Theologie gelöst, aber es war noch nicht von den Gentlemen gelöst, noch nicht tauglich zur *demokratischen Revolution.*

E. Bloch: Naturrecht u. menschl. Würde
Suhrk. Verl. Fr. a. M. 1961, S. 63–65

3 ‚Kausalität' bezieht sich auf den ganzen Denkansatz von Grotius

1.1.3

HERDER-LEXIKON

Naturrecht

Naturrecht, Bezeichnung für sittlich und rechtlich unabhängig von der Aufnahme in das positive Reich gültige (formale und materiale) Rechtsnormen. „N." ist also der (historisch überlieferte) Problemtitel für die Frage einer überpositiven Verankerung jedes Gesetzesrechts, das gerade in dieser Unbeliebigkeit seiner Grundlage die Voraussetzung seiner Würde und Geltung besitzt. Der Begriff N. steht für den bedeutendsten Versuch der Verpflichtung jeder Rechtsordnung auf *Gerechtigkeit* und hat insofern wesentlich kritische Funktion.

Rechtsbegründende Funktion hat der Naturrechtsbegriff insofern, als er aufzeigt, daß der Mensch nicht zufällig und sekundär zu (dann eben beliebigem) Recht kommt, sondern daß das Rechte-Haben in einem ursprünglichen Im-Recht-Sein fundiert ist, was sich ergibt 1. aus der rein physischen Existenz und 2. aus der Tatsache, daß der Mensch nie als Einzelner lebt (u. nicht leben könnte), sondern wesentlich (u. schon biologisch) der Gesellschaft bedarf. Daraus leiten sich a) Normen ab, die nötig sind, um Sozietät zu ermöglichen u. deren Bestand im Sinn einer rechtlichen Ordnung zu sichern, sowie b) Regeln, die dem Einzelnen innerhalb der Gesellschaft einen Freiheitsraum sichern, in dem er zur Entfaltung und Vollendung seiner persönlichen Eigenart gelangen kann (Menschenrechte).

Hauptprobleme der Naturrechts-Philosophie sind: die Begründung des Vorhandenseins und der Erkenntnismöglichkeit der behaupteten Normen; die Frage, wie deren überpositive Gültigkeit mit der unleugbaren historischen und soziologischen Bedingtheit aller Sitte und allen Rechts vereinbar sei; ferner die Frage, welche Bedeutung der Widerspruch einer konkreten Sozialordnung mit dem Naturrecht hat. Als fundierender und kritischer, nicht selbst wieder „Positiver" Begriff widersetzt sich das Naturrecht einer Katalogisierung oder Systematisierung; eine sich selbst richtig verstehende Naturrechtslehre wird nicht auf überzeitliche Absolutheit, sondern auf reale Gültigkeit der erarbeiteten Normen hic et nunc achten.

Kleines philosophisches Wörterbuch, hrsg. v. Max Müller und Alois Halder, Freiburg, Basel, Wien, Herder-Verlag, 1971 (tb-originalausgabe nr 398) S. 183/84

1.1.4

ADOLF SÜSTERHENN

Folgerungen aus dem Naturrecht

Für den Naturrechtler steht die Freiheit und Würde der menschlichen Person, die Wahrung der staatsfreien Sphäre des einzelnen im Mittelpunkt des politischen, wirtschaftlichen und kulturellen Lebens. Vom Standpunkt des Naturrechts aus werden aber nicht nur die Freiheitsrechte des einzelnen, sondern auch die natürlichen Rechte der innerstaatlichen Gemeinschaften anerkannt und geschützt. Für den Naturrechtler war die Familie vor dem Staate da. Daher steht für ihn das natürliche Recht der Eltern, über die Erziehung ihrer Kinder zu bestimmen und demgemäß die religiös-weltanschauliche Schulform für ihre Kinder zu wählen, außerhalb jeder Diskussion. Der Naturrechtler ist Anhänger der politischen und berufsständischen Selbstverwaltung, deren Rechte nicht erst vom Staate verliehen und deshalb auch nicht vom Staate entzogen werden können. Naturrechtliches Denken fordert freie Entfaltung aller geistigen, politischen und wirtschaftlichen Kräfte, allerdings nicht in völliger Ungebundenheit, sondern im Rahmen der Erfordernisse des Gemeinwohls. Als wesentliche Garantie für die Freiheit der Person und der Familie anerkennt der Naturrechtler die Institution des Privateigentums. Aber neben den Rechten des Staates stehen prinzipiell gleichwertig, weil auch im Naturrecht begründet, die Rechte des einzelnen und der zahlreichen engeren Lebenskreise, die der Staat umschließt. Für den Naturrechtler ist die Staatstätigkeit immer subsidiär[4], d. h. der Staat darf erst dann oder insoweit eingreifen, als die Einzelpersonen oder die kleineren Gemeinschaften nicht in der Lage sind, die im Interesse der Gemeinschaft liegenden Aufgaben zu erfüllen.

Adolf Süsterhenn: Das Naturrecht, in: Kirche in der Welt 1. Jg., 1947.

1.1.5

ERIC VOEGELIN

Kritik am Begriff „Natur“-Recht

Das Rechte von Natur ist nicht als ein Gegenstand gegeben, über den ein- für allemal richtige Aussagen gemacht werden könnten. Es hat seine Seinsweise vielmehr in der konkreten Erfahrung des Menschen von einem Rechten, das unveränderlich und überall gleich und doch in seiner Verwirklichung wieder veränderlich und überall verschieden ist. Es handelt sich also um eine existentielle Spannung, die nicht theoretisch, sondern nur durch die Praxis des Menschen, der sie erfährt, gelöst werden kann. Die Vermittlung zwischen ihren Polen ist nicht leicht. Wir kennen die Klage Solons anläßlich seiner Reform: „Es ist sehr schwer, das unsichtbare Maß des richtigen Urteils zu erkennen; und doch enthält dieses Maß allein die richtigen Grenzen *(peirata)* aller Dinge“ *(Solon* 4,17). Allzuleicht geht das unsichtbare, das göttliche Maß verloren, und an seine Stelle tritt die Eigenmacht des Gesetzgebers, der seine Sonderinteressen verfolgt. Um der schweren Aufgabe einigermaßen gerecht zu werden, bedarf es einer existentiellen Kraft, einer besonderen Qualität des Menschen, der durch sein Handeln

4 unterstützend, zur Aushilfe dienend.

zwischen den Polen der Spannung vermitteln soll. Aristoteles nennt diese Kraft die *phronesis*[5].

Eric Voegelin: Anamnesis, Zur Theorie der Geschichte und Politik, Piper, München, 1966, S. 124

1.1.6

HEINZ-HORST SCHREY

Kritik des Naturrechts

Zur *Kritik des Naturrechts* sind im wesentlichen fünf Argumente vorgebracht worden:

1. *Die theologische Kritik* von seiten der reformatorischen Theologie. Die Naturrechtslehre setzt eine natürliche Theologie voraus, d. h. eine Einsicht des natürlichen Menschen in Willen und Gebot Gottes, kann also von Alleinoffenbarung Gottes im biblischen Wort absehen. Sie widerspricht auch insofern dem biblischen Gottesgedanken, als die Bibel keine Bindung Gottes an eine ewige Gesetzlichkeit kennt, die u. U. sogar abgesehen von Gott Bestand hätte. Diese Annahme wäre eine Verletzung der Freiheit Gottes und der Souveränität seines Willens. Die obersten Grundsätze des Naturrechts gelten nicht in der gefallenen Welt, sondern nur im Urstand und sind in der durch Sünde verderbten Natur weder vollständig zu erkennen noch zu verwirklichen. Das „ewige Gesetz" ist nichts anderes als eine negative Spiegelung der tatsächlichen Unrechtsordnung der gefallenen Welt, und die von der Unrechtsordnung zur idealen Seinsordnung gezogene Schlußfolgerung bleibt doch äußerst fragwürdig. Diese Fragwürdigkeit kommt darin zum Ausdruck, daß das Naturrecht zwischen einer konservativen Auslegung, auf die Erhaltung der bestehenden Verhältnisse ausgerichteten Auslegung, und einer revolutionären, auf die Veränderung der geschichtlichen Zustände in Richtung auf eine ideale Ordnung hin tendierenden Auslegung schwankt.
2. *Die metaphysische Kritik.* Im Naturrecht liegt ein Zirkelschluß vor, denn es entwickelt aus dem Begriff der Natur und der naturgemäßen Seinsordnung eine Wertordnung, während eigentlich die Wertordnung vorausgeht und nachträglich in die Seinsordnung hineinprojiziert wird. Wenn etwa behauptet wird, der Schwache habe „von Natur" Anspruch auf Hilfe durch den Starken, so liegt das keineswegs in der „Natur der Sache", sondern setzt die christliche Wertordnung voraus; oder die Annahme, es gäbe „von Natur" Menschen, die zur Sklaverei bestimmt sind, setzt das antik-feudalistische Gesellschaftsmodell voraus. Diese Kritik zeigt den relativ geringen Wert der naturrechtlichen Argumentation, wenn „Natur" im Sinne des Feudalismus oder der biologischen „Kampf-ums-Dasein"-Lehre verstanden wird.

5 phronesis: abwägendes Denken (gr)

3. *Die historisch-ideologiekritische Sicht* des Naturrechts ist verwandt mit der metaphysischen Kritik: es ist nichts anderes als eine Spiegelung geschichtlicher Gegebenheiten, die zu überzeitlichen Wahrheiten und Werten verabsolutiert werden. Nietzsche sieht in den angeblichen „Naturgesetzen" die Formeln für Machtverhältnisse, ähnlich auch Marx. – Diese Argumentation richtet sich eigentlich nicht auf die letzten Grundsätze des Naturrechts, sondern auf dessen Konkretion in positiven Rechtssätzen, die allerdings häufig genug naive Ideologisierungen bestehender Herrschaftsverhältnisse waren.
4. *Die anthropologisch-psychologische Kritik.* Im Naturrecht ist ein Menschenbild vorausgesetzt, bei dem die Vernunft über dem Willen steht – im Sinn der platonischen Anthropologie –, wobei die Vernunft als unversehrte Größe verstanden wird, aus der wir unmittelbare Erkenntnis des Guten und Seinsollenden gewinnen können. Diese Argumentation berührt sich mit der theologischen, setzt jedoch nicht die Erbsündenlehre, sondern die moderne Vorordnung des voluntativen Moments gegenüber dem intellektualen voraus. Eine einseitige Überbetonung des Willensmoments im Menschen überliefert diesen einem unkontrollierbaren Irrationalismus; jedoch übrig bleibt schließlich entweder der Machtmensch, der politisch die Diktatur anstrebt, oder der Triebmensch, der sich der Triebkontrolle durch das Vernunftvermögen entzieht. Beide Typen sind aber ein Rückschritt zu Leitbildern, die in der menschlichen Entwicklung als überwunden betrachtet werden müssen und in deren Nachfolge die Menschheit keine Zukunft haben dürfte.
5. *Die juristische Kritik.* Aus den rein formalen obersten Grundsätzen des Naturrechts ergeben sich keine inhaltlich bestimmten Rechtsnormen oder konkrete gesetzliche Weisungen, wie dies immer wieder von dem die Einzelfälle des Lebens regelnden kasuistischen Naturrecht behauptet wird. Auch können die sog. mittleren Axiome (= Übergang von den obersten Grundsätzen zu den konkreten Fällen) niemals den gleichen Grad von Verbindlichkeit haben wie die obersten Prinzipien. – Die juristische Kritik weist in der Tat auf einen Punkt hin, durch den sich das Naturrecht in der Geschichte immer wieder fragwürdig gemacht und gerade auch heute oft falsche Hoffnungen erweckt hat. Kasuistik entstammt dem Bereich des Rechts, während sich die Ehtik weitgehend einer Vergesetzlichung entzieht.

Heinz Horst Schrey: Einführung in die Ehtik, Wissenschaftliche Buchgesellschaft, Darmstadt, 1972, S. 41–43

1.2 Gerechtigkeit

1.2.1

CHAIM PERELMAN

Über die Gerechtigkeit

I. Die Problemstellung

Eine logische Analyse des Gerechtigkeitsbegriffes scheint eine reine Wette darzustellen. In der Tat, unter allen anspruchsvollen Begriffen erscheint der der Gerechtigkeit als einer der hervorragendsten und als der am heillosesten verwirrte.

Die Gerechtigkeit wird von vielen als die Haupttugend, als die Quelle aller anderen betrachtet.

„Das Denken und die Terminologie", sagt *E. Dupréel,* „haben zu allen Zeiten dazu angeregt, den Wert der Gerechtigkeit mit dem der Moralität im ganzen zu verwechseln. Das moralische und das religiöse Schrifttum erkennt in den Gerechten den völlig ehrenhaften und wohltätigen Menschen; die Gerechtigkeit ist die allen Arten von Verdienst gemeinsame Bezeichnung, und die Klassiker brachten ihre Grundidee zum Ausdruck, wenn sie sagten, die Moralwissenschaft habe kein anderes Ziel, als das zu lehren, was zu tun und worauf zu verzichten gerecht sei. Das würde auch besagen, daß die Vernunft uns lehren muß, zwischen dem Gerechten und dem Ungerechten zu unterscheiden, worin nämlich die ganze Lehre vom Guten und Bösen besteht. So umfaßt die Gerechtigkeit, die einerseits eine Tugend unter anderen ist, andererseits doch die ganze Moralität."

In diesem letzten Sinn ist es gemeint, daß die Gerechtigkeit allen anderen Werten die Waage hält. *Pereat mundus, fiat iustitia.*

Es ist immer nützlich und wichtig, die sozialen Konzeptionen, die man befürwortet, als gerecht qualifizieren zu können. Alle Revolutionen, alle Kriege, alle Umwälzungen haben sich immer im Namen der Gerechtigkeit ereignet. Und das Außerordentliche daran ist, daß sich sowohl die Anhänger einer neuen Ordnung als auch die Verteidiger der alten Ordnung nach der Herrschaft der Gerechtigkeit sehnen. Und wenn eine neutrale Stimme die Notwendigkeit eines gerechten Friedens verkündet, sind alle Kriegführenden einverstanden und versichern, daß dieser gerechte Friede nur dann verwirklicht werden wird, wenn der Gegner vernichtet ist.

Halten wir fest, daß es in diesen einander widersprechenden Versicherungen keinerlei Unehrlichkeit zu geben braucht. Ein jeder der Gegner kann aufrichtig sein und glauben, daß seine Sache die einzig gerechte ist. Und keiner täuscht sich, denn jeder spricht von einer anderen Gerechtigkeit.

„Ein moralischer Begriff", schreibt *Dupréel,* „entspricht weder einer Sache, die man nur befolgen muß, um das zu verifizieren, was man von ihr behauptet, noch einer Beweisführung, der man sich nur zu beugen hat, sondern eher einer *Konvention,* ihn in bestimmter Weise zu definieren; wenn ein Gegner die Angriffsposition eingenommen hat, indem er den Anschein von Gerechtigkeit auf seine Seite bringt, wird die andere Partei dazu neigen, eine Definition von der Gerechtigkeit dergestalt zu geben, daß sich ihre Sache als mit jener übereinstimmend erweist.“

Ein jeder wird eine Konzeption der Gerechtigkeit verteidigen, die ihm Recht gibt und seine Gegner in eine ungünstige Lage bringt.

Es ist illusorisch, alle möglichen Sinngehalte des Gerechtigkeitsbegriffes aufzählen zu wollen. Geben wir statt dessen einige Beispiele von den geläufigsten Konzeptionen der Gerechtigkeit, deren unvereinbaren Charakter man sogleich erkennen wird:

1. Jedem das Gleiche
2. Jedem gemäß seinen Verdiensten
3. Jedem gemäß seinen Werken
4. Jedem gemäß seinen Bedürfnissen
5. Jedem gemäß seinem Rang
6. Jedem gemäß dem ihm durch Gesetz Zugeteilten

Wir wollen den Sinn einer jeden dieser Konzeptionen präzisieren.

1. Jedem das Gleiche

Gemäß dieser Konzeption müssen alle Wesen, die man betrachtet, in der gleichen Weise behandelt werden, ohne irgendeiner der Besonderheiten, durch welche sie sich unterscheiden, Rechnung zu tragen.

In volkstümlich bildlicher Vorstellung ist das vollkommen gerechte Wesen der Tod, der alle Menschen trifft ohne Rücksicht auf irgendeines ihrer Privilegien.

2. Jedem gemäß seinen Verdiensten

Hier haben wir nun eine Konzeption der Gerechtigkeit, die nicht mehr die Gleichheit aller fordert, sondern eine Behandlung, die dem eigentlichen Wert proportional ist, nämlich dem Verdienst der menschlichen Person. Wie aber soll man dieses Verdienst definieren? Welches allgemeine Maß soll man finden für Verdienst oder Versagen der verschiedenen Wesen? Gibt es überhaupt ein derartiges allgemeines Maß? Welches sind die Kriterien, die man bei der Bestimmung dieses Verdienstes beachten muß? Muß man dem Resultat der Handlung Rechnung tragen, der Absicht, dem vollbrachten Opfer, und in welchem Maße soll dies geschehen? Für gewöhnlich läßt man nicht nur alle diese Fragen unbeantwortet, sondern man stellt sie sich erst gar nicht.

3. Jedem gemäß seinen Werken

Diese Konzeption von der Gerechtigkeit verlangt ebenfalls keine gleiche, sondern eine proportionale Behandlung. Nur ist das Kriterium kein moralisches mehr, denn es berücksichtigt weder die Absicht, noch die gebrachten Opfer, sondern einzig und allein das Resultat der Handlung.

Indem dieses Kriterium die den Handelnden betreffenden Anforderungen aufgibt, stellt es uns zwar in moralischer Hinsicht weniger zufrieden, doch wird seine Anwendung unendlich viel leichter, und an Stelle eines fast nicht zu verwirklichenden Ideals ermöglicht diese Konzeption der Gerechtigkeit in den meisten Fälllen, lediglich die Maß, Zahl und Gewicht unterworfenen Elemente zu berücksichtigen.

4. Jedem gemäß seinen Bedürfnissen

Anstatt die Verdienste des Menschen oder seine Leistung zu berücksichtigen, versucht diese Konzeption der Gerechtigkeit vor allem die Leiden zu vermindern, die sich aus der Unmöglichkeit, die lebenswichtigen Bedürfnisse zu befriedigen, ergeben. Hierin nähert sich die Konzeption der Gerechtigkeit am meisten unserem Begriff der Nächstenliebe.
Es versteht sich von selbst, daß diese Fassung, um sozial anwendbar zu sein, auf formalen Kriterien der Bedürfnisse eines jeden beruhen muß: die Divergenz zwischen diesen Kriterien läßt verschiedene Varianten dieser Konzeption zu.

5. Jedem gemäß seinem Rang

Das ist eine aristokratische Konzeption der Gerechtigkeit. Sie besteht darin, die Wesen nicht gemäß der dem Individuum eigenen Kriterien zu behandeln, sondern nach ihrer Zugehörigkeit zu dieser oder jener bestimmten Kategorie von Wesen. *Quod licet Jovi, non licet bovi,* sagt ein altes lateinisches Sprichwort. Dieselben Regeln der Gerechtigkeit lassen sich nicht auf Wesen anwenden, die allzu unterschiedlichen Kategorien unterworfen sind. So also unterscheidet sich die Konzeption „Jedem gemäß seinem Rang" von den anderen Konzeptionen der Gerechtigkeit darin, daß sie, anstatt allumfassend zu sein, die Menschen in verschiedene Kategorien aufteilt, die auf verschiedene Weise behandelt werden.
Wenn wir diese Konzeption der Gerechtigkeit als aristokratisch betrachten, so deshalb, weil sie von den Nutznießern dieser Auffassung immer gepriesen und streng verteidigt wurde, um eine bevorzugte Behandlung für die Kategorien von Wesen zu verlangen oder zu erzwingen, die sie als überlegen hinstellen. Und diese Forderung wird gewöhnlich durch die Gewalt unterstützt, welche entweder die Waffen oder aber die Tatsache, eine Mehrheit gegenüber einer schutzlosen Minderheit zu sein, verleihen.

6. Jedem gemäß dem ihm durch Gesetz Zugeteilten

Diese Konzeption ist die Umschreibung des berühmten *suum cuique* der Römer. Wenn gerecht sein heißt, einen jeden das, was ihm zukommt, zuzubilligen, muß man, um einen *circulus vitiosus* zu vermeiden, das, was einem Menschen zukommt, bestimmen können. Wenn man der Formel „das was jedem Menschen zukommt" einen juristischen Sinn beimißt, gelangt man zu der Schlußfolgerung, daß gerecht sein heißt, einem jeden Wesen das zuzugestehen, was das Gesetz ihm zumißt.
Diese Konzeption erlaubt uns zu sagen, daß ein Richter gerecht ist, wenn er in den gleichen Situationen die gleichen Gesetze anwendet (in paribus paria iura). Gerecht sein heißt, die Gesetze des Landes anwenden. Diese Konzeption wirft sich im Gegensatz zu den vorangegangenen nicht als Richter über das positive Recht auf, sondern begnügt sich damit, es anzuwenden.

Man hat diese Auffassung in Gegensatz zu allen anderen gesetzt und als „statische Gerechtigkeit" bezeichnet, weil sie auf der Aufrechterhaltung der gesetzten Ordnung beruht. Die anderen werden als Formen der „dynamischen" Gerechtigkeit betrachtet, weil sie eine Veränderung dieser Ordnung und der sie bestimmenden Regeln herbeiführen können.

II. Die formale Gerechtigkeit

Es muß eine Gerechtigkeitsformel gefunden werden, die den verschiedenen Konzeptionen, die wir analysiert haben, gemeinsam ist. Diese Formel muß – in der Mathematik Variable genannt – ein unbestimmtes Element enthalten, dessen Bestimmung bald durch die eine, bald durch die andere Gerechtigkeitskonzeption erbracht wird. Der gemeinsame Begriff liefert eine Definition der *formalen* oder *abstrakten* Gerechtigkeit: Dagegen stellt jede besondere oder *konkrete* Formulierung der Gerechtigkeit einen der unzähligen Werte der formalen Gerechtigkeit dar.

Ist es überhaupt möglich, die formale Gerechtigkeit zu definieren? Gibt es ein begriffliches Element, das allen Formeln der Gerechtigkeit gemeinsam ist? Dies scheint doch der Fall zu sein. Es sind sich wohl alle darin einig, daß gerecht sein die Menschen auf die gleiche Weise behandeln heißt. Streit und Schwierigkeiten tauchen jedoch dann auf, wenn es sich darum handelt zu präzisieren.

Welcher Art auch immer ihre Uneinigkeit in anderer Hinsicht ist, so sind sich doch alle darin einig, daß gerecht sein eine gleiche Behandlung für alle Wesen bedeutet, die in bestimmter Hinsicht gleich sind, die dasselbe Charakteristikum aufweisen.

Die formale oder abstrakte Gerechtigkeit läßt sich demnach definieren als ein Handlungsprinzip, nach welchem die Wesen derselben Wesenskategorie auf dieselbe Art und Weise behandelt werden müssen.

Es ist jedoch sogleich anzumerken, daß wir soeben einen rein formalen Begriff definiert haben, der alle Divergenzen bezüglich der konkreten Gerechtigkeit unberührt läßt. Diese Definition besagt nämlich weder, *wann* zwei Wesen derselben Wesenskategorie angehören, noch *wie* sie zu behandeln sind. Wir wissen zwar nicht, ob diese Wesen in dieser oder jener Weise, sondern nur, daß sie gleich zu behandeln sind, das heißt, so, daß niemand sagen könnte, man benachteilige eines im Verhältnis zu einem anderen. Ebenso ist uns bekannt, daß gleiche Behandlung nur Wesen derselben Wesenskategorie vorbehalten sein kann.

Die sechs Formeln der konkreten Gerechtigkeit, für die wir eine Art gemeinsamen Nenner gesucht haben, unterscheiden sich dadurch, daß jede von ihnen bei der Anwendung der Gerechtigkeit ein anderes Charakteristikum für das ausschlaggebende hält, das heißt, daß sie die Zugehörigkeit zu einer Wesenskategorie verschieden bestimmen. Sie liefern indes mehr oder minder präzise Angaben über die Art und Weise, wie die derselben Wesenskategorie Zugehörigen zu behandeln seien.

Chaim Perelman: Über die Gerechtigkeit S. 14–20, 26–28
C. H. Beck, Schwarze Reihe, Bd 45, München 1967

1.2.2

HEINRICH VON KLEIST

Michael Kohlhaas (Auszug)

Kohlhaas, als er, mit auf dem Rücken zusammengelegten Händen, in Gedanken vertieft, unter das Portal kam, schlug die Augen auf und stutzte; und da die Knechte, bei seinem Anblick, ehrerbietig auswichen: so trat er, indem er sie zerstreut ansah, mit einigen raschen Schritten, an den Pfeiler heran. Aber wer beschreibt, was in seiner Seele vorging, als er das Blatt, dessen Inhalt ihn der Ungerechtigkeit zieh, daran erblickte: unterzeichnet von dem teuersten und verehrungswürdigsten Namen, den er kannte, von dem Namen Martin Luthers! Eine dunkle Röte stieg in sein Antlitz empor; er durchlas es, indem er den Helm abnahm, zweimal von Anfang bis zu Ende; wandte sich, mit ungewissen Blicken, mitten unter die Knechte zurück, als ob er etwas sagen wollte, und sagte nichts; löste das Blatt von der Wand los, durchlas es noch einmal; und rief: Waldmann! laß mir mein Pferd satteln! sodann: Sternbald! folge mir ins Schloß! und verschwand. Mehr als dieser wenigen Worte bedurfte es nicht, um ihn, in der ganzen Verderblichkeit, in der er dastand, plötzlich zu entwaffnen. Er warf sich in die Verkleidung eines thüringischen Landpächters; sagte Sternbald, daß ein Geschäft, von bedeutender Wichtigkeit, ihn nach Wittenberg zu reisen nötige; übergab ihm, in Gegenwart einiger der vorzüglichsten Knechte, die Anführung des in Lützen zurückbleibenden Haufens: und zog, unter der Versicherung, daß er in drei Tagen, binnen welcher Zeit kein Angriff zu fürchten sei, wieder zurück sein werde, nach Wittenberg ab.
Er kehrte, unter einem fremden Namen, in ein Wirtshaus ein, wo er, sobald die Nacht angebrochen war, in seinem Mantel, und mit einem Paar Pistolen versehen, die er in der Tronkenburg erbeutet hatte, zu Luthern ins Zimmer trat. Luther, der unter Schriften und Büchern an seinem Pulte saß, und den fremden, besonderen Mann die Tür öffnen und hinter sich verriegeln sah, fragte ihn: wer er sei? und was er wolle? und der Mann, der seinen Hut ehrerbietig in der Hand hielt, hatte nicht so bald, mit dem schüchternen Vorgefühl des Schreckens, den er verursachen würde, erwidert: daß er Michael Kohlhaas, der Roßhändler, sei: als Luther schon: Weiche fern hinweg! ausrief, und, indem er, vom Pult erstehend, nach einer Klingel eilte, hinzusetzte: Dein Odem ist Pest und deine Nähe Verderben! Kohlhaas, indem er, ohne sich vom Platz zu regen, sein Pistol zog, sagte: Hochwürdiger Herr, dies Pistol, wenn Ihr die Klingel rührt, streckt mich leblos zu Euren Füßen nieder! Setzt Euch und hört mich an; unter den Engeln, deren Psalmen Ihr aufschreibt, seid Ihr nicht sicherer, als bei mir. Luther, indem er sich niedersetzte, fragte: Was willst du? Kohlhaas erwiderte: Eure Meinung von mir, daß ich ein ungerechter Mann sei, widerlegen! Ihr habt mir in Eurem Plakat gesagt, daß meine Obrigkeit von meiner Sache nichts weiß: wohlan, verschafft mir freies Geleit, so gehe ich nach Dresden, und lege sie ihr vor. – Heilloser und entsetzlicher Mann! rief Luther, durch diese Worte verwirrt zugleich und beruhigt: wer gab dir das Recht, den Junker von Tronka, in Verfolg

eigenmächtiger Rechtsschlüsse, zu überfallen, und, da du ihn auf seiner Burg nicht fandst, mit Feuer und Schwert die ganze Gemeinschaft heimzusuchen, die ihn beschirmt? Kohlhaas erwiderte: hochwürdiger Herr, niemand, fortan! Eine Nachricht, die ich aus Dresden erhielt, hat mich getäuscht, mich verführt! Der Krieg, den ich mit der Gemeinheit der Menschen führe, ist eine Missetat, sobald ich aus ihr nicht, wie Ihr mir die Versicherung gegeben habt, verstoßen war! Verstoßen! rief Luther, indem er ihn ansah. Welch eine Raserei der Gedanken ergriff dich? Wer hätte dich aus der Gemeinschaft des Staats, in welchem du lebtest, verstoßen? Ja, wo ist, solange Staaten bestehen, ein Fall, daß jemand, wer es auch sei, daraus verstoßen worden wäre? – Verstoßen, antwortete Kohlhaas, indem er die Hand zusammendrückte, nenne ich den, dem der Schutz der Gesetze versagt ist! Denn dieses Schutzes, zum Gedeihen meines friedlichen Gewerbs, bedarf ich; ja, er ist es, dessenhalb ich mich, mit dem Kreis dessen, was ich erworben, in diese Gemeinschaft flüchte; und wer mir ihn versagt, der stößt mich zu den Wilden der Einöde hinaus; er gibt mir, wie wollt Ihr das leugnen, die Keule, die mich selbst schützt, in die Hand. – Wer hat dir den Schutz der Gesetze versagt? rief Luther. Schrieb ich dir nicht, daß die Klage, die du eingereicht, dem Landesherrn, dem du sie eingereicht, fremd ist? Wenn Staatsdiener hinter seinem Rücken Prozesse unterschlagen, oder sonst seines geheiligten Namens, in seiner Unwissenheit, spotten, wer anders als Gott darf ihn wegen der Wahl solcher Diener zur Rechenschaft ziehen, und bist du, gottverdammter und entsetzlicher Mensch, befugt, ihn deshalb zu richten? – Wohlan, versetzte Kohlhaas, wenn mich der Landesherr nicht verstößt, so kehre ich auch wieder in die Gemeinschaft, die er beschirmt, zurück. Verschafft mir, ich wiederhol' es, freies Geleit nach Dresden: so lasse ich den Haufen, den ich im Schloß zu Lützen versammelt, auseinandergehen, und bringe die Klage, mit der ich abgewiesen worden bin, noch einmal bei dem Tribunal des Landes vor. – Luther, mit einem verdrießlichen Gesicht, warf die Papiere, die auf seinem Tisch lagen, übereinander, und schwieg. Die trotzige Stellung, die dieser seltsame Mensch im Staat einnahm, verdroß ihn; und den Rechtsschluß, den er, von Kohlhaasenbrück aus, an den Junker erlassen, erwägend, fragte er: was er denn von dem Tribunal zu Dresden verlange? Kohlhaas antwortete: Bestrafung des Junkers, den Gesetzen gemäß; Wiederherstellung der Pferde in den vorigen Stand; und Ersatz des Schadens, den ich sowohl, als mein bei Mühlberg gefallener Knecht Herse, durch die Gewalttat, die man an uns verübte, erlitten. – Luther rief: Ersatz des Schadens! Summen zu Tausenden, bei Juden und Christen, auf Wechseln und Pfändern, hast du, zur Bestreitung deiner wilden Selbstrache, aufgenommen. Wirst du den Wert auch, auf der Rechnung, wenn es zur Nachfrage kommt, ansetzen? – Gott behüte! erwiderte Kohlhaas. Haus und Hof, und den Wohlstand, den ich besessen, fordere ich nicht zurück; so wenig als die Kosten des Begräbnisses meiner Frau! Hersens alte Mutter wird eine Berechnung der Heilkosten, und eine Spezifikation dessen, was ihr Sohn in der Tronkenburg eingebüßt, beibringen; und den Schaden, den ich wegen Nichtverkaufs der Rappen erlitten, mag die Regierung durch einen Sachverständigen abschätzen lassen. – Luther sagte: rasender, unbegreiflicher und entsetzlicher Mensch! und sah ihn an. Nachdem dein Schwert sich, an dem Junker, Rache, die grimmigste, genommen, die sich erdenken läßt: was treibt dich, auf ein Erkenntnis gegen ihn zu bestehen, dessen Schärfe, wenn es zuletzt fällt, ihn mit einem Gewicht von so geringer Erheblichkeit nur trifft? – Kohlhaas erwiderte, indem ihm eine Träne über die Wangen rollte: hochwürdiger Herr! es hat mich meine Frau gekostet; Kohlhaas will der Welt zeigen, daß sie in keinem ungerechten Handel umgekommen ist. Fügt Euch in diesen Stücken meinem Willen, und laßt den Gerichtshof sprechen; in allem anderen, was sont noch streitig sein mag, füge ich mich Euch. – Luther sagte: schau her, was du forderst, wenn anders die Umstände so sind, wie die öffentliche Stimme hören läßt, ist gerecht; und hättest du den Streit, bevor du eigenmächtig zur Selbstrache geschritten, zu des Landesherrn Entscheidung zu bringen gewußt, so wäre dir deine Forderung, zweifle ich nicht, Punkt vor Punkt bewilligt worden. Doch hättest du nicht, alles wohl erwogen, besser getan, du hättest, um deines Erlösers willen, dem Junker vergeben, die Rappen, dürre und abgehärmt, wie sie waren, bei der Hand genommen, dich aufgesetzt, und zur Dickfütterung in deinen Stall nach Kohlhaasenbrück heimgeritten? – Kohlhaas antwortete: kann sein! indem er ans Fenster trat: kann sein, auch nicht! Hätte ich gewußt, daß ich sie mit Blut aus dem Herzen meiner lieben Frau würde auf die Beine bringen müssen: kann sein, ich hätte getan, wie Ihr gesagt, hochwürdiger Herr, und einen Scheffel Hafer nicht gescheut! Doch, weil sie mir einmal so teuer zu stehen gekommen sind, so habe es denn, meine ich, seinen Lauf: Laßt das Erkenntnis, wie es mir zukömmt, sprechen, und den Junker mir die Rappen auffüttern. – – Luther sagte, indem er, unter mancherlei Gedanken, wieder zu seinen Papieren griff: er wolle mit dem Kurfürsten seinethalben in Unterhandlung treten. Inzwischen möchte er sich, auf dem Schlosse zu Lützen, still halten; wenn der Herr ihm freies Geleit bewillige, so werde man es ihm auf dem Wege öffentlicher Anplackung bekanntmachen. – Zwar, fuhr er fort, da Kohlhaas sich herabbog, um seine Hand zu küssen: ob der Kurfürst Gnade für Recht ergehen lassen wird, weiß ich nicht; denn einen Heerhaufen, vernehm ich, zog er zusammen, und steht im Begriff, dich im Schlosse zu Lützen aufzuheben: inzwischen, wie ich dir schon gesagt habe, an meinem Bemühen soll es nicht liegen. Und damit stand er auf, und machte Anstalt, ihn zu entlassen.

Heinrich von Kleist: Michael Kohlhaas in: Gesammelte Werke, Hanser, München, 1966, S. 613–16

1.2.3

RUDOLF VON IHERING

Rechtsleidenschaft

Das Bild des Schylock ruft mir eine andere Gestalt vor die Seele, die nicht minder historische wie dichterische des Michael Kohlhaas, welche Heinrich von Kleist in seiner gleichnamigen Novelle mit ergreifender Wahrheit gezeichnet hat. Schylock geht geknickt von dannen, seine Kraft ist gebrochen, widerstandslos fügt er sich dem Richterspruch. Anders Michael Kohlhaas. Nachdem alle Mittel, zu seinem in schnödester Weise mißachteten Rechte zu gelangen, erschöpft sind, nachdem ein Akt frevelhafter Kabinettsjustiz ihm den Rechtsweg verschlossen, und die Gerechtigkeit bis zu ihrem höchsten Repräsentanten, dem Landesherrn, hinauf sich offen auf die Seite des Unrechts gestellt hat, übermannt ihn das Gefühl unendlichen Wehes über den Frevel, den man mit ihm getrieben: „Lieber ein Hund sein, wenn ich von Füßen getreten werden soll, als ein Mensch", und sein Entschluß steht fest: „Wer mir den Schutz der Gesetze versagt, der stößt mich zu den Wilden der Einöde hinaus, er gibt mir die Keule, die mich selbst schützt, in die Hand." Er reißt der feilen Gerechtigkeit das besudelte Schwert aus der Hand und schwingt es in einer Weise, daß Furcht und Entsetzen sich weit im Lande verbreiten, das morsche Staatswesen in seinen Fugen erbebt und der Fürst auf dem Thron erzittert. Aber es ist nicht das wilde Gefühl der Rache, das ihn beseelt, er wird nicht Räuber und Mörder wie Karl Moor, der „durch die ganze Natur das Horn des Aufruhrs blasen möchte, um Luft, Erde und Meer wider das Hyänengezücht ins Treffen zu führen", der aus verletztem Rechtsgefühl der ganzen Menschheit den Krieg erklärt; sondern es ist eine sittliche Idee, die ihn treibt, die Idee, „er sei mit seinen Kräften der Welt in der Pflicht verfallen, sich Genugtuung für die erlittene Kränkung und seinen Mitbürgern Sicherheit gegen zukünftige zu verschaffen." Ihr opfert er alles, das Glück seiner Familie, seinen geachteten Namen, Gut und Habe, Leib und Leben, und er führt keinen ziellosen Vernichtungskrieg, sondern er richtet denselben nur gegen den Schuldigen und alle diejenigen, welche mit ihm gemeinschaftliche Sache machen. Und als ihm die Aussicht wird, zu seinem Recht zu kommen, legt er freiwillig die Waffen aus der Hand; aber als ob der Mann einmal ausersehen wäre, an seinem Beispiele zu veranschaulichen, welches Maß der Schmach die Recht- und Ehrlosigkeit damaliger Zeit auf sich zu laden vermochte, so brach man ihm das freie Geleit und die Amnestie, und er endete sein Leben auf dem Richtplatz. Aber vorher wird ihm noch sein Recht, und der Gedanke, daß er nicht umsonst gestritten, daß er das Recht wieder zu Ehren gebracht, daß er seine Würde als Mensch behauptet hat, erhebt sein Herz über die Schrecknisse des Todes; versöhnt mit sich, der Welt und Gott, folgt er gefaßt und willig dem Henker. Welche Betrachtungen knüpfen sich an dieses Rechtsdrama! Ein Mann, rechtschaffen und wohlwollend, voller Liebe für seine Familie, von kindlich frommem Sinn wird zu einem Attila, der mit Feuer und Schwert die Stätte vernichtet, in die sein Gegner sich geflüchtet hat. Und wodurch wird er es? Gerade durch diejenige Eigenschaft, welche ihn sittlich, so hoch über alle seine Gegner stellt, die schließlich über ihn triumphieren: durch seine hohe Achtung vor dem Recht, seinen Glauben an die Heiligkeit desselben, die Tatkraft seines echten, gesunden Rechtsgefühls. Und gerade darauf beruht die tief erschütternde Tragik seines Schicksals, daß eben das, was den Vorzug und den Adel seiner Natur ausmacht: der ideale Schwung seines Rechtsgefühls, seine heroische, alles vergessende und alles opfernde Dahingabe an die Idee des Rechts im Kontakt mit der elenden damaligen Welt, dem Übermut der Großen und Mächtigen und der Pflichtvergessenheit und Feigheit der Richter zu seinem Verderben ausschlägt. Was er verbrach, fällt mit verdoppelter und verdreifachter Wucht auf den Fürsten, seine

Beamten und Richter zurück, die ihn gewaltsam aus der Bahn des Rechts in die der Gesetzlosigkeit drängen. Denn kein Unrecht, das der Mensch zu erdulden hat, und wiege es noch so schwer, reicht – wenigstens für das unbefangene sittliche Gefühl – von weitem an das heran, welches die von Gott gesetzte Obrigkeit verübt, indem sie selber das Recht bricht. Der Justizmord, wie unsere Sprache treffend ihn bezeichnet, ist die wahre Todsünde des Rechts. Der Hüter und Wächter des Gesetzes verwandelt sich in dessen Mörder – es ist der Arzt, der den Kranken vergiftet, der Vormund, der den Mündel erdrosselt. Im alten Rom traf den bestochenen Richter Todesstrafe. Für die Justiz, welche das Recht gebrochen, gibt es keinen vernichtenderen Ankläger als die dunkle, vorwurfsvolle Gestalt des Verbrechers aus verletztem Rechtsgefühl – es ist ihr eigener blutiger Schatten. Das Opfer einer käuflichen oder parteiischen Justiz wird fast gewaltsam aus der Bahn des Rechts herausgestoßen, wird Rächer und Vollstrekker seines Rechts auf eigene Hand und nicht selten, indem er über das nächste Ziel hinausschießt, ein geschworener Feind der Gesellschaft, Räuber und Mörder. Aber auch derjenige, den seine edle, sittliche Natur gegen diesen Abweg schützt, wie Michael Kohlhaas, wird Verbrecher, und indem er die Strafe desselben erleidet, Märtyrer seines Rechtsgefühls. Man sagt, daß das Blut der Märtyrer nicht umsonst fließe, und es mag sich das bei ihm bewahrheiten und sein mahnender Schatten noch auf lange ausgereicht haben, um eine solche Vergewaltigung des Rechts, wie sie ihn getroffen hatte, unmöglich zu machen.

Rudolf von Ihering, Der Kampf ums Recht, 1903[15], S. 51–53

1.3 Schuld

1.3.1

FRANZ KAFKA

Gespräch im Dom (aus: Der Prozeß)

„Weißt du, daß dein Prozeß schlecht steht?" fragte der Geistliche. „Es scheint mir auch so", sagte K. „Ich habe mir alle Mühe gegeben, bisher aber ohne Erfolg. Allerdings habe ich die Eingabe noch nicht fertig." „Wie stellst du dir das Ende vor?" fragte der Geistliche. „Früher dachte ich, es müsse gut enden", sagte K., „jetzt zweifle ich daran manchmal selbst. Ich weiß nicht, wie es enden wird. Weißt du es?" „Nein", sagte der Geistliche, „aber ich fürchte, es wird schlecht enden. Man hält dich für schuldig. Dein Prozeß wird vielleicht über ein niedriges Gericht gar nicht hinauskommen. Man hält wenigstens vorläufig deine Schuld für erwiesen." „Ich bin aber nicht schuldig", sagte K., „es ist ein Irrtum. Wie kann denn ein Mensch überhaupt schuldig sein. Wir sind hier doch alle Menschen, einer wie der andere." „Das ist richtig", sagte der Geistliche, „aber so pflegen die Schuldigen zu reden." „Hast du auch ein Vorurteil gegen mich?" fragte K. „Ich habe kein Vorurteil gegen dich", sagte der Geistliche. „Ich danke dir", sagte K., „alle anderen aber, die an dem Verfahren beteiligt sind, haben ein

Vorurteil gegen mich. Sie flößen es auch den Unbeteiligten ein. Meine Stellung wird immer schwieriger." „Du mißverstehst die Tatsachen", sagte der Geistliche, „das Urteil kommt nicht erst mit einemmal, das Verfahren geht allmählich ins Urteil über." „So ist es also", sagte K. und senkte den Kopf. „Was willst du nächstens in deiner Sache tun?" fragte der Geistliche. „Ich will noch Hilfe suchen", sagte K. und hob den Kopf, um zu sehen, wie der Geistliche es beurteile. „Es gibt noch gewisse Möglichkeiten, die ich nicht ausgenützt habe." „Du suchst zuviel fremde Hilfe", sagte der Geistliche mißbilligend.

Franz Kafka, Der Prozeß, S. Fischer, Frankfurt a. M. 1953, S. 252 f.

1.3.2

ERNST BLOCH

Verschuldungsmythologie

Die Hörigkeit dieser Art wird an allen großen Selbsthassern sichtbar, an Kafka wie Kierkegaard, an Dostojewskij wie Luther. Kafka gab alldem die letzte und Grundform: die einer nackten Gewalt, die die verkleidetste, die einer offenen, die die hinterlistigste ist: in ungeheuerlichem Gericht wird nur die Strafe sichtbar gemacht, dem Menschen nachjagend, und nicht sein Verbrechen erschlossen. Kafka schrieb seinen Roman „Prozeß" über das nie endende Verfahren gegen sich selbst, das in dem mythischen Dachboden so tagt wie nächtigt. Kierkegaard oder das Zittern, daß Gott so unendlich leicht zu narren, Dostojewskij oder die Mitschuld an allem Bösen, das Bewußtsein, daß alles Unrecht gegen Gottes Sohn getan: sie sind beide die sprechenden, gestehenden, übergeständigen Strafobjekte – hier des göttlichen Zorns, dort der göttlichen Unschuld. Kierkegaard sagt: „Im Sündenbewußtsein" (das das geschärfte Schuldbewußtsein ist) „wird sich das Individuum in seiner Verschiedenheit vom Allgemeinmenschlichen bewußt, das Individuum, das sich nur durch sich selbst bewußt wird, was qua Mensch zu existieren heißt." Und hier ist kriminelle Verzweiflung ein Widerschein der Luther-Verzweiflung: de facto, de iure im eigenen Werk verdammt zu sein. Auch Luthers Glaube schließt notwendig die unbedingte Selbstverurteilung in sich, als Anerkennung des göttlichen Gerichts. In ihm gibt es – bei dem Unwert aller Menschen vor Gott – keinen Freispruch; der wesenhaft Angeklagte kann nur auf Gnade hoffen, das heißt auf Begnadigung. Der Ernst Luthers führt an den *Quell* der Verschuldungs-Mythologie zurück: an den Sündenfall-Mythos und die ihm entsprechende Urschuld-Sagen in allen höheren Religionen. Das Gefühl, daß das Leben Strafe und Buße sei, geht mit verschiedener Interpretation durch die Veden, die griechischen Mysterien, die Bibel. Überall unterkellert sich dies Gefühl mit der „Erinnerung" an ein vorzeitliches Unrecht, das man selbst oder in seinen „Eltern" begangen. Wo nicht das Leben, gilt der Tod als Strafe; Anaximander faßte ganze verschollene Mythos-Komplexe in dem einen Satz zusammen, daß alle Dinge in den Urstoff, woraus sie entstanden, wieder zurückkehren müssen, um „Buße und Strafe zu zahlen für ihre Ungerechtigkeit nach der Ordnung der Zeit". Selbst die Bestimmung eines individuellen Aufbegehrens, eines Individuellseins ist in dem merkwürdigen Satz bereits enthalten; denn das Todesurteil über die „Ungerechtigkeit", die ἀδικία (auch Beleidigung, Kränkung, widerrechtlicher Besitz), ergeht gegen das an sich schon kriminelle Sondersein im Sein. Der Tod ist der Sünde Lohn, gar im Sündenfall-Mythos geschieht er buchstäblich als Hinrichtung: Adam und seine Kinder sind zum Tod verurteilt, der Engel des Todes vollstreckt die Sentenz. Es ist die Sentenz, die Gott selbst erließ, die von Gott der Obrigkeit zu einer gegebenenfalls verfrühten und verschärften Vollstreckung übergeben wurde. Von daher sind alle Strafen christlicher Obrigkeit nichts als Ausführungsbestimmungen des Ur-Strafgesetzes aus dem Zorn des Herrn – et poenae et remedia peccati, nach den Kirchenvätern, nach Thomas, nach Luther. Im Inneren des Gotteszorns brannte die Hölle; auch diese hatte die Kriminaljustiz ihren Opfern vorweg anzurichten. Besonders der Feuertod für Ketzer, Zauberer, Hexen ist unmittelbar älteren Höllenbildern entlehnt; ihr sonstiges Heulen und Zähneklappern bereitete auf ein noch größeres vor. Das Ungeheuerliche einer ewigen Verdammnis hob ohnehin jede Proportion zwischen Schuld und Sühne auf. Mit alldem wurden Rache-Strafe und Straf-Äquivalent weit überboten, durch Erbsünde, Erbstrafe mythisch überboten: Wie der Sündenfall die metaphysische Wurzel des Verbrechens, so der Fluch des Herrn die metaphysische Rechtfertigung der Strafe.

Ernst Bloch, Naturrecht und menschliche Würde, Suhrkamp, Frankfurt, 1961, S. 281–83

1.3.3

FRIEDRICH NIETZSCHE

Schuld, Strafe und schlechtes Gewissen

Die Strafe soll den Wert haben, das Gefühl der *Schuld* im Schuldigen aufzuwekken, man sucht in ihr das eigentliche *instrumentum* jener seelischen Reaktion, welche „schlechtes Gewissen", „Gewissensbiß" genannt wird. Aber damit vergreift man sich selbst für heute noch an der Wirklichkeit und der Psychologie: und wieviel mehr für die längste Geschichte des Menschen, seine Vorgeschichte! Der echte Gewissensbiß ist gerade unter Verbrechern und Sträflingen etwas äußerst Seltnes, die Gefängnisse, die Zuchthäuser sind *nicht* die Brutstätten, an denen diese Spezies von Nagewurm mit Vorliebe gedeiht – darin kommen alle gewissenhaften Beobachter überein, die in vielen Fällen ein derartiges Urteil ungern genug und wider die eigensten Wünsche abgeben. Ins große gerechnet, härtet und kältet die Strafe ab; sie konzentriert; sie verschärft das Gefühl der Entfremdung; sie stärkt die Widerstandskraft. Wenn es vorkommt, daß sie die Energie zerbricht und eine erbärmliche Prostration und Selbsterniedrigung zuwege bringt, so ist ein solches Ergebnis sicherlich noch weniger erquicklich als die durchschnittliche Wirkung der Strafe: als welche sich durch einen trocknen düsteren Ernst charakterisiert. Denken wir aber gar an jene Jahrtausende *vor* der Geschichte des Menschen, so darf man unbedenklich urteilen, daß gerade durch die Strafe die Entwicklung des Schuldgefühls am kräftigsten *aufgehalten* worden ist – wenigstens in Hinsicht auf die Opfer, an denen sich die strafende Gewalt ausließ. Unterschätzen wir nämlich nicht, inwiefern der Verbrecher gerade durch den Anblick der gerichtlichen und vollziehenden Prozeduren selbst verhindert wird, seine Tat, die Art seine Handlung *an sich* als verwerflich zu empfinden: denn er sieht genau die gleiche Art von Handlungen im Dienst der Gerechtigkeit verübt und dann gutgeheißen, mit einem guten Gewissen verübt: also Spionage, Überlistung, Bestechung, Fallenstellen, die ganze kniffliche und durchtriebene Polizisten- und Anklägerkunst, sodann das grundsätzliche, selbst nicht durch den Affekt entschuldigte Berauben, Überwältigen, Beschimpfen, Gefangennehmen, Foltern, Morden, wie es in den verschiedenen Arten der Strafe sich ausprägt – alles somit von seinen Richtern keineswegs *an sich* verworfene und verurteilte Handlungen, sondern nur in einer gewissen Hinsicht und Nutzanwendung. Das „schlechte Gewissen", diese unheimlichste und interessanteste Pflanze unserer irdischen Vegetation, ist *nicht* auf diesem Boden gewachsen – in der Tat drückte sich im Bewußtsein der Richtenden, der Strafenden selbst die längste Zeit hindurch *nichts* davon aus, daß man mit einem „Schuldigen" zu tun habe. Sondern mit einem Schaden-Anstifter, mit einem unverantwortlichen Stück Verhängnis. Und der selber, über den nachher die Strafe, wiederum wie ein Stück Verhängnis, herfiel, hatte dabei keine andre „innere Pein", als wir beim plötzlichen Eintreten von etwas Unberechnetem, eines schrecklichen Naturereignisses, eines herabstürzenden, zermalmenden Felsblocks, gegen den es keinen Kampf mehr gibt.

Friedrich Nietzsche: „Zur Genealogie der Moral", Werke in 3 Bänden, C. Hanser Verl., München o. J. Bd. II, S. 822/3

1.3.4

GROSSER SENAT DES BUNDESGERICHTSHOFES

Definition der Schuld

Strafe setzt Schuld voraus. Schuld ist Vorwerfbarkeit. Mit dem Unwerturteil der Schuld wird dem Täter vorgeworfen, daß er sich nicht rechtmäßig verhalten, daß er sich für das Unrecht entschieden hat, obwohl er sich rechtmäßig verhalten, sich für das Recht hätte entscheiden können. Der innere Grund des Schuldvorwurfs liegt darin, daß der Mensch auf freie, verantwortliche, sittliche Selbstbestimmung angelegt und deshalb befähigt ist, sich für das Recht und gegen das Unrecht zu entscheiden, sein Verhalten nach den Normen des rechtlichen Sollens einzurichten und das rechtlich Verbotene zu meiden, sobald er die sittliche Reife erlangt hat und solange die Anlage zur freien sittlichen Selbstbestimmung nicht durch die in § 51 StGB genannten krankhaften Vorgänge vorübergehend gelähmt oder auf die Dauer zerstört ist.

in: Recht und Gesellschaft, Heft 1, 1971, S. 9, C. H. Beck, München

1.3.5

GERHARD MAUZ

Die Gerechten und die Gerichteten

Von den Gerichteten ist hier die Rede, um der Gerechten willen. Denn die Schuld, auf die nach dem Strafrecht erkannt wird, ist eine Versuchung. Sie verschließt denen, die nur vor dem Strafrecht unschuldig sind, den Zugang zur Relativität ihrer Unschuld. In jedem Augenblick wächst und entsteht strafrechtliche Schuld. Sie wächst und entsteht unter uns und mit uns. Vom Straftäter wird gesagt, er habe sich aus der Gemeinschaft ausgeschlossen. Man muß daran erinnern, daß alle Taten und Täter von der Gemeinschaft umschlossen sind . . .
Unser Strafrecht soll liberalisiert und die Straffälligen sollen resozialisiert werden. Liberalisierung und Resozialisierung sind wackere Worte. Doch mit ihnen treten wir dafür ein, daß etwas gewährt und eingeräumt werde; mit diesen Worten kommen wir entgegen, lassen wir uns herab und gestehen wir zu. Mit diesen Worten verschweigen wir die Gemeinschaft der Menschen vor und in der Schuld. Es muß aufgerufen werden zur Solidarität vor und in der Schuld. Reformatorische Ziele sind nur Stationen auf dem Weg zu dieser Solidarität. Strafprozeß und Strafprozeßordnung mögen wie auch immer beschaffen sein: nur wenn sie keine Kluft zwischen den Gerechten und den Gerichteten öffnen, sind sie erträglich.
Die Justiz leistet den Illusionen derer Vorschub, die nur vor dem Strafgesetz unschuldig sind. Deshalb, und nur deshalb, ist die Justiz zu kritisieren, wo immer sie mehr zu sein meint als der Statthalter einer Gerechtigkeit, die wir nicht kennen, die wir zu erraten suchen. Unsere sogenannten Gesetze sind nur Übereinkünfte. Die Gesetze über unseren Übereinkünften kennen wir nicht. Wir haben die Notwendigkeit von Übereinkünften zu respektieren. Doch wo die Gerechten in den Übereinkünften mehr als Übereinkünfte sehen, müssen wir protestieren . . .
Die Gerechten und die Gerichteten verband einmal Gott für jeden, der Augen hatte zu sehen und Ohren zu hören. Heute entlasten wir uns, indem wir verurteilen, statt daß wir auf uns nehmen, wo wir urteilen müssen.

Gerhard Mauz: Die Gerechten und die Gerichteten, Ullstein, Frankfurt–Berlin 1968, S. 5/7

1.3.6

WOLFHART PANNENBERG

Schuld und Sühne

Ein Diskussionsbeitrag aus theologischer Sicht

Die Erfahrung der Schuld hat in der Geschichte eine große Rolle gespielt. Sigmund *Freud* hat sie als den Ausgangspunkt aller kulturellen Entwicklung der Menschheit betrachtet, weil nur die nach Freud in der Schulderfahrung begründete asketische Moral die Individuen zu jenem Glücksverzicht bewegen kann,

ohne den die großen Kulturleistungen nicht möglich gewesen wären. Insbesondere in der Geschichte des Christentums ist die Schuldproblematik auch ausdrücklich zu einem der diese Geschichte bewegenden Themen geworden. Während sich die ersten Christen durch die Taufe von aller Sünde und Schuld endgültig geschieden wußten, stellte sich der Alten Kirche schon im ausgehenden zweiten Jahrhundert das durch neues Verschulden der Getauften entstandene Problem einer „zweiten Buße". In der mittelalterlichen Kirche wurde die Buße aus einer Ausnahmeregelung zu einer alle Glieder der Kirche in ihrem alltäglichen Lebensablauf angehende, mit der Vorschrift regelmäßiger Ohrenbeichte verbundene Einrichtung. Die von der Beichtpraxis der mittelalterlichen Kirche ausgegangene Verfeinerung der Selbsterforschung und der Gewissenhaftigkeit hat das Klima einer mit Schuld und Buße eng verwobenen Frömmigkeit geschaffen, die durch den Pietismus auch außerhalb der katholischen Welt bis auf den heutigen Tag nachwirkt und ohne die vor allem auch die Reformation nicht denkbar wäre. Ging doch Luthers Lehre von der Rechtfertigung durch den Glauben aus von der Gewissensnot des Wittenberger Mönchs, für deren Lösung ihm alles Bemühen um wahrhafte Reue und tätige Genugtuung als unzureichend erschien.
Für das Selbstverständnis der Gegenwart läßt sich eine so zentrale Bedeutung der Schuldproblematik kaum behaupten. Nur die Suche nach Schuldigen für jedweden Mißstand im privaten wie im öffentlichen Leben wird heute so energisch betrieben wie eh und je und entspricht wohl einem tiefen Bedürfnis der menschlichen Natur, von dem wir so bald nicht lassen werden. Weniger eindeutig steht es mit der Schuld, die man bei sich selber suchen muß. Die Bedeutung von Schuldgefühlen im Leben der heutigen Menschen ist nicht leicht faßbar. Treten etwa Neurosen in Verbindung mit übertriebenen Schuldgefühlen heute wirklich noch ebenso häufig auf wie in der Anfangszeit der Psychoanalyse? Sicher spielt für viele Menschen je nach der sittlichen Prägung ihres engeren Lebenskreises die Erfahrung von Schuld und Belastung durch Schuldgefühle auch heute noch eine bedeutende Rolle. Aber wie tief reichen solche Schuldgefühle? Enthalten sie durchschnittlich mehr als das Bewußtsein der Isolierung, in die sich begibt, wer die sozialen Konventionen seiner Umgebung mißachtet?
Mindestens im öffentlichen Bewußtsein der Gegenwart ist die Bedeutung der Schuldproblematik für das Selbstverständnis der Menschen zurückgegangen. Man trifft sie noch am ehesten an bei Überlegungen zur seelischen Hygiene: Schuldgefühle sollten, so hört man, um der seelischen Gesundheit willen möglichst abgebaut werden. Dagegen ist wenig davon zu vernehmen, daß die Offenheit für eigenes Schuldigwerden und eine angemessene Bewältigung, nicht nur Verdrängung begangener Schuld zu den Bedingungen persönlicher Identität und Autonomie gehört.
Das Zurücktreten der Schuldproblematik im öffentlichen Bewußtsein wird man in Zusammenhang mit der Lockerung der öffentlichen Moral sehen müssen, einem Vorgang, der sich keineswegs etwa auf den Bereich des Sexualverhaltens beschränkt, sondern sich auf die Kultur der menschlichen Beziehungen im weitesten Sinne erstreckt. Mögen darin die einen den Verfall der guten Sitten

schlechthin erblicken, während die anderen darin Begleiterscheinungen eines Wandels und Übergangs des sittlichen Bewußtseins zu neuen Maßstäben vermuten. Jedenfalls aber bekundet sich hier eine eigentümliche Unsicherheit in bezug auf Inhalt und Geltung allgemeiner sittlicher Normen. Daß die Konformität des Verhaltens dabei eher noch zunimmt, die meisten Menschen sich danach richten, wie „man" in ihrer Umgebung sich jeweils verhält, spricht eher *für* als *gegen* diese Feststellung: Äußerliche Verhaltensanpassung, wobei der Inhalt leichthin mit der Mode wechselt, wird gerade da für das Verhalten bestimmend, wo kein absolut verbindlicher Anspruch mehr erfahren wird. Aber auch der Protest gegen solchen Verhaltenskonformismus und seine Verlogenheit läßt selten Umrisse eines neuen Ethos erkennen. Er begnügt sich meist mit der aus verständlichem Widerwillen geborenen Ablehnung des Geltenden und Bestehenden in seiner wirklichen oder vermeintlichen Hohlheit. Dabei ist ironischerweise der Schritt zu neuer Anpassung an die Gegenmoral der eigenen Gruppe oft nicht weit.

„Du kannst, denn du sollst"

Das hochgesteckte Ziel autonomer Sittlichkeit, die sich aus ihrer nicht der Mode unterworfenen Einsicht auch gegen die gerade herrschenden Verhaltensweisen wenden kann, ohne doch das Bestehende in Bausch und Bogen verdammen zu müssen, ist heute offenbar noch schwerer erreichbar als zu anderen Zeiten. Darin dürfte sich, neben anderen Faktoren, auch die Freigabe nicht nur der Diskussion, sondern auch der geistigen Werte selbst im weltanschaulich neutralen Staat auswirken. Die Freiheit des Ethos von politischer Bevormundung wird damit erkauft, daß die Gehalte der moralischen Überlieferung in vielen Lebensbereichen zur Sache des individuellen Lebensstils geworden und damit einem Anschein der Beliebigkeit ausgesetzt sind, der die Bildung und Festigung eines Bewußtseins von der verpflichtenden und dadurch auch dem Leben Halt gebenden Kraft sittlicher Normen nicht eben erleichtert. So wachsen die Zumutungen, die an die Freiheit des einzelnen gestellt sind.

Dabei ist auch eine demokratische Gesellschaft auf ein Mindestmaß an Einheit der Gesinnung ihrer Bürger angewiesen. Das ist geradezu die Voraussetzung dafür, daß ihr Staatsapparat weltanschaulich neutral bleiben kann. Wo die Traditionen und Erfahrungen, aus denen die eine Gesellschaft über das Prinzip des allgemeinen Eigennutzes hinaus zusammenhaltende Gesinnung lebt, wirksam genug sind – und dafür sind bisher Länder wie England und die USA beispielhaft gewesen –, da gelingt die schwierige Balance der Freiheit. Wo das nicht der Fall ist, da erhebt sich die beängstigende Frage, ob die Gesellschaft überhaupt reif genug ist für die Forderungen der Freiheit.

Daß die Erfahrung moralischer Schuld unter uns verblaßt oder jedenfalls aus dem Alltag verdrängt, verunsichert und getrübt ist, dürfte viel mehr mit der Verunsicherung des ehtischen Bewußtseins zu tun haben als mit irgendwelchen Kontroversen über Determinismus und Indeterminismus im Hinblick auf die Willensfreiheit, die durch ihren „methaphysischen" Charakter angeblich den Schuldbegriff problematisch machen. Eine Schulderfahrung kann sich nur einstellen, wo eine Forderung verletzt wurde, die zugleich als unbedingt gültig für das eigene Verhalten anerkannt wird und deren Verletzung darum das Selbst in seiner Ganzheit betrifft. Dieser Zusammenhang macht sich auch geltend, wenn wir sagen, wir seien uns oder anderen dies oder jenes schuldig, oder jemand habe seine Schuldigkeit getan oder versäumt. An solchen Wendungen ließe sich zeigen, daß die Erfahrung der Forderung selbst entscheidend dazu beiträgt, die Fähigkeit zu ihrer Erfüllung zu wecken. Das ist die Wahrheit von Kants berühmter Formel: „Du kannst, denn du sollst."

Sicherlich gibt es auch Überforderungen. Dennoch ist die Freiheit als Bedingung möglicher Schuld zumindest mitbegründet in der Erfahrung eines überzeugenden Anrufs zum Handeln. Wo umgekehrt ein solcher Anspruch seinem Inhalt oder seiner Verbindlichkeit nach zweifelhaft bleibt, wird mit der Erfahrung der Schuld auch die Freiheit zu entsprechendem Handeln beeinträchtigt. Daher setzt auch die Schuldzumutung die moralische Überzeugungskraft der betreffenden Forderung voraus. Wo es kein gesellschaftliches Einverständnis über die unbedingte Verbindlichkeit von Normen gibt, da wird man zögern, dem Übertreter einen Schuldvorwurf zu machen. Man mag sich fragen, ob nicht die Diskussion über eine Abschaffung des Schuldprinzips im Strafrecht ein Indiz dafür ist, daß es den ehtischen Grundlagen des gesellschaftlichen Lebens im öffentlichen Bewußtsein an Verbindlichkeit fehlt. Die Verletzung von Rechtsnormen erscheint dem Kritiker des Grundsatzes, daß Strafe sich auf Schuld bezieht, nicht mehr als Verletzung eines unbedingten Anspruchs, sondern nur als Verstoß gegen die Verhaltenserwartungen der Gesellschaft an ihre Glieder. Die durch strafrechtliche Sanktion gestützte Legalität des Handelns rückt damit auf eine Ebene mit sonstigen Konformitätszwängen im gesellschaftlichen Zusammenleben.

Was mit dem Schuldbegriff aus dem Strafrecht verschwinden würde, ist letzten Endes die religiöse Dimension menschlichen Handelns. Und für die religiöse Überlieferung ist dementsprechend das Verblassen der Schulderfahrung noch folgenreicher als für das Recht. Das gilt nicht nur für den katholischen Überlieferungsbereich, sondern auch für den Protestantismus. Die Lehre von der Rechtfertigung durch den Glauben wird unverständlich und irrelevant, wo die Menschen sich nicht mehr als schuldig erfahren. Wo nicht nur der Inhalt, sondern auch das Vorliegen einer Schuld überhaupt zweifelhaft erscheint, da wird der Streit müßig, ob man sich von der Schuld durch tätige Genugtuung befreien oder nur im Vertrauen auf Gottes verheißene Vergebung Befreiung finden kann. Wie soll man aber Menschen, denen Verbindlichkeit und Inhalt sittlicher Pflichten über den Konformitätsdruck gesellschaftlicher Verhaltenserwartungen hinaus – oder gar ihm entgegen! – ungewiß bleiben, die christliche Vergebungsbotschaft verständlich machen?

Für Nietzsches „Genealogie der Moral" galten Schulderfahrung und Gewissen als Erscheinungsweisen einer lebensfeindlichen Moral des Ressentiments, durch die der Schwache das Selbstvertrauen des starken Lebens gebrochen hat. Dieser Diagnose der christlichen moralischen Überlieferung und der entsprechenden Forderung Nietzsches nach einer Umwertung aller Werte lag die Auffassung zugrunde, daß alle sittlichen Normen letztlich aus dem Werte setzenden Willen von Menschen hervorgehen. Nietzsche hat damit auf den Begriff gebracht, was der Verunsicherung der Lebensbeziehung vieler Menschen zu den Forderungen überlieferter Moral heute auf mehr oder weniger verborgene Weise zugrunde liegt. Doch mit dem Gedanken des wertsetzenden Willens läßt sich wohl ein überliefertes Ethos erschüttern, kaum aber ein neues Ethos begründen. Seine Konsequenz ist entweder eine Beliebigkeit sittlicher Maßstäbe oder aber die Herrschaft einer Elite der „Starken", die ihre Wertsetzungen allen anderen aufzwingt. Weder das eine noch das andere kann mit einer auf Freiheit beruhenden Gesellschaft zusammenbestehen. Die Einheit einer solchen Gesellschaft ist nicht möglich ohne Gemeinsamkeit einer selbst in Freiheit sich bildenden und erneuernden sittlichen Gesinnung. Diese kann nur hervorgehen aus der Wirksamkeit von Überlieferungen und Erfahrungen, deren Wahrheit als unabhängig von individuellem Belieben gelten und daher allgemeine Verbindlichkeit beanspruchen kann.

Die Verbindlichkeit eines Ethos ist heute nicht mehr durch Appell an irgendeine formale Autorität, sei es auch die Autorität göttlichen Gebietens, zu begründen, noch auch aus einer unmittelbar zugänglichen Quelle sittlicher Gewißheit zu schöpfen, die von aller geschichtlichen Verwicklung und Veränderung frei bliebe. Sie hängt vielmehr am Wahrheitsgehalt der Traditionen und Erfahrungen, aus denen wir leben, wo es um den Gesamtsinn unseres Lebens geht. Aus dem Verständnis der Lebenswirklichkeit im ganzen, das sie vermitteln und das sich im Fortgang unserer Erfahrung immer wieder bewähren muß, erwächst erst die Überzeugungskraft der ehtischen Maßstäbe, die sich aus ihnen herleiten. Insofern hat Paul Tillich schon 1924 mit Recht behauptet, daß in der Gegenwart die Frage nach dem Sinn des Lebens jene zentrale Bedeutung für die Lebensproblematik des Menschen gewonnen hat, die sich im Mittelalter und in der Reformationszeit und noch weit darüber hinaus auf die Erfahrung der Schuld und auf ihre Überwindung konzentrierte.

Dabei ist die Schulderfahrung auch heute nicht etwa menschlich bedeutungslos geworden. Auch heute noch gilt, daß das Bewußtsein eigener Schuld nicht nur belastet, sondern auch Möglichkeiten der Reinigung und Erneuerung eröffnet. Aber die Schulderfahrung tritt in für das moderne Leben typischen Erlebniszusammenhängen nicht so isoliert, nicht so eindeutig meßbar an moralischen Normen auf, wie das in früheren Zeiten der Fall gewesen sein mag. Statt dessen gibt es ein diffuses und untergründiges Schuldgefühl, das sich eben dieser Beschaffenheit wegen auf ganz abwegige Weise an irgendwelche Vorfälle heften kann. Hier bedarf etwas in uns der sachgemäßen Regulierung. Sie wäre durch das moralische Bewußtsein zu leisten.

Auch die moralische Forderung wie auch die Schuld, die sie uns auferlegt, leuchten nur ein im Kontext eines umfassenderen Sinnvertrauens, einer das ganze Leben umgreifenden Ahnung oder Gewißheit von seinem tragenden Sinn. Das ist im Grunde wohl auch in früheren Zeitaltern so gewesen und wird uns Heutigen nur deutlicher bewußt, weil weder der damals geglaubte Sinn noch ein anderer uns so selbstverständlich ist wie etwa den Menschen des Mittelalters. Auch darin steht die Gegenwart der Lebensproblematik der Spätantike näher als der des Mittelalters. Für die Spätantike war nicht die Schuld, sondern die Todverfallenheit des Lebens, seine Vergänglichkeit, die jeden Sinn zunichte werden läßt, das zentrale Problem. Daher galt der Alten Kirche die Überwindung dieser Not, die Auferstehung Christi von den Toten, als der tragende Grund ihres christlichen Sinnvertrauens. Im Lichte von Ostern erst gewann für sie auch das Kreuz Christi seine Bedeutung als Zeichen nicht nur der Schuld aller Menschen vor Gott, sondern auch der Freiheit Jesu von Nazareth, aus seiner Gottesgewißheit nicht nur für sich selbst, sondern auch für andere, für alle Menschen Verantwortung zu übernehmen, ihre Schuld zu tragen. Dadurch aber ist das Kreuz Christi auch zum Zeichen einer Tilgung der Schuld geworden, die nicht auf Vergeltung beruht, sondern durch Vergebung geschieht.

Süddeutsche Zeitung Nr. 86, 10. April 1971

1.4 Strafe

1.4.1

GUSTAV NASS

Schuld und Strafe

Fragen wir zunächst, um uns begrifflich festzulegen: Was ist Strafe? Wir beschränken uns auf die Rechtsstrafe. Dombois definiert: „Die Strafe ist grundsätzlich die negative Folge des positiven Rechtsstatus." Es haftet ihr demnach der Charakter des Negativen an. Hegel definiert: „Die Strafe ist die Negation der Negation des Rechts." Die Rechtsphilosophie ist so weit gegangen, in der Strafe etwas Absolutes zu sehen. Kant hat einmal gesagt, wenn die Welt unterginge, so müßte vorher der letzte Mörder hingerichtet werden. Das war etwa der Gipfel der absoluten Straftheorie. Der Gegensatz zur absoluten Straftheorie ist die relative. Die Strafe steht in Relation zu Tat und Täter. Je nachdem, welcher dieser beiden Pole den Akzent erhält, wird der Zweck des Strafens modifiziert. Man hat beide Theorien vereinigt: Die Strafe als Absolutum und als Relation = Vereinigungstheorie.

Die Strafe kann in Relation zur Tat oder zum Täter stehen. Tatrelation liegt dem Tatstrafrecht zugrunde, die Täterrelation dem Täterstrafrecht. In ersterem Falle wird der Täter mit der Tat identifiziert. Die Determinanten bleiben dabei außer Betracht. Entscheidend ist, daß der Täter die Tat gewollt hat. Das Maß der Schuld richtet sich nach der Schwere der Tat und diese nach dem Tatwillen. Darin liegt eine erste Fehlerquelle des Tatstrafrechts; denn um das Maß der Schuld zu bestimmen, bedarf es psychologischer Erwägungen; man müßte den Willen messen, und andererseits kann das Tatstrafrecht ohne die Hypothese der Freiheit der Selbstbestimmung nicht bestehen. Diese Hypothese ist aber umstritten. Das Täterstrafrecht fragt nach den Determinanten in der Täterpersönlichkeit und ihrer Umwelt. Es eliminiert die Hypothese der Willensfreiheit, nicht jedoch die Tat, wie man zu meinen glaubt, sondern in der Tat erblickt es Symptome der determinierten Handlungsabläufe. Die logische Konsequenz des Täterstrafrechts ist die Verhängung von Maßnahmen, welche die in dem Täter wirksamen Determinanten beeinflussen: Behandlung, Erziehung und Verwahrung, Maßnahmen also, wie sie bereits in unserem Strafrecht praktiziert werden, ohne daß man von einem konsequenten Täterstrafrecht sprechen könnte; denn sowohl das geltende als auch das im Entwurf vorliegende Strafrecht sind weder Tat- noch Täterstrafrecht, sondern ein Kompromiß, eine Mischung von beiden, ein Strafrecht also, welches, da es keiner der angeführten Theorien ganz abgeneigt ist, in der Praxis überallhin offenbleibt.

Bei der Frage nach der Schuld kommen wir nämlich auf die Innerlichkeit eines Menschen in ihrer Beziehung zu einem sozial schädlichen Erfolge seiner Handlungen zu sprechen.

Wir können drei verschiedene Formen der strafrechtlich relevanten Beziehungen der Psyche zu einem schädlichen Erfolge unterscheiden: 1. Der Erfolg ist gewollt; hierbei ist die Absicht das besondere psychologische Problem. 2. Der Erfolg ist vorausgesehen, ohne gewollt zu sein. Hierbei ist die Wissentlichkeit das Problem. 3. Der Erfolg ist weder gewollt noch vorausgesehen, hätte aber vorausgesehen und vermieden werden können und sollen. Hierbei ist Fahrlässigkeit das Problem.

Zu 1: An dieser Tat ist das Ich beteiligt. Es besteht eine enge Beziehung zwischen Ichbewußtsein und dem Erfolg. Hinzu kommt das Machtbewußtsein, selbst Ursache bzw. befähigt zu sein, kausal eingreifen zu können.

Zu 2: Die Wahrscheinlichkeit des Erfolges ist vielfach abgestuft: von der Gewißheit bis zur Unmöglichkeit.

Zu 3: Es handelt sich bei der Fahrlässigkeit um eine unbewußte Handlung. Fahrlässigkeit liegt nur dann vor, wenn das Ausbleiben der verhindernden Assoziationen auf den Mangel an normaler Aufmerksamkeit durch eine Anzahl von psychischen und psychophysischen Faktoren determiniert, wie Ermüdung, Übung, Ablauf (Schnelligkeit), Denktemperament, Reichtum an Vorstellungen usw. Das alles hat mit Willensakten nichts zu tun. Nur dann tritt der Wille in Erscheinung, wenn die Aufmerksamkeit auf bestimmte Gedanken zum Zwecke der Verdeutlichung gerichtet ist. Aber das ist wiederum determiniert von Interessen, Gefühlen, Ansprechbarkeit usw. Das „Ich will" ist dann, sofern es überhaupt anklingt, nur der Gedanke des Selbstbewußtseins: Ich bin es, der über diesen psychischen Akt, über diese Interessen, Gefühle, Zwecke usw. gebietet.

Worin liegt nun das Wesen der Schuld? In einer Beziehung zum Strafgesetz bzw. zur Norm oder in einer Beziehung zum schädlichen Erfolge? Wir müssen unterscheiden zwischen Schuld in aktivem und passivem Sinne. Der Täter schuldet mir etwas, also kann ich etwas von ihm fordern, um auszugleichen, ein Äquivalent des Schuldgegenstandes. In jedem Falle ist es ein Unrecht. Wem ein Unrecht zugefügt worden ist, der hat ein Recht auf Wiederherstellung, Talion, Ausgleich. Soweit ist es eine rein verstandesmäßige Erwägung, und sie ist vernünftig, denn mit ihr ist das Recht hergestellt. Aber der Mensch ist nicht nur ein Vernunftwesen, sondern mit Trieben ausgestattet, die in die geistige Betätigung hineinwirken. Zu ihnen treten die Emotionen, das sind Gefühle und Affektzustände, die seine Gedanken begleiten, diese färben, festhalten, dirigieren, motivieren und die Regulationskräfte darstellen. Sie regulieren nur nicht immer richtig, und sie fixieren oft gedankliche Inhalte, etwa Zielvorstellungen und Wünsche, und vereinigen sich mit diesen als starke Antriebsfaktoren zu relativ schädlichen, für die Gesellschaft unerwünschten, für das Individuum unguten Folgen.

Beim Erleben eines Unrechts sprechen wir von einem Erleiden und haben somit schon die emotionale Komponente des Fühlens, das Gefühlte, das erlittene Unrecht, einbegriffen. Was geht in dem Menschen vor, dem Unrecht geschah? Er strebt nach Wiederherstellung, Richtigstellung. Richtig heißt recht. Würde also das Recht wiederhergestellt, so wäre die Sache in Ordnung; aber in dem Unrecht erleidenden Individuum sind Emotionen wirksam, die über den vernünftigen Ausgleich des Rechts hinaus spürbar sind, die noch andauern, wenn das Recht schon längst wiederhergestellt worden ist.

Diese Emotionen haben eine zweifache Wirkung, und darin liegt ihre große Bedeutung: 1. Sie setzen Tendenzen mit Strebungsgefühlen, welche sich mit Gedanken an die Wiederherstellung des Rechtszustandes, also an die Beseitigung des Unrechtszustandes, verbinden. 2. Sie werden auf den „Verursacher" des Unrechts, nämlich auf den Täter bezogen.

Emotionen sind eindringlicher und klingen langsamer ab, als Vorstellungen im Bewußtsein bleiben. Sie sind länger aktuell, und dies ist es, was im Sinne des Interessenschutzes der primitiven Gesellschaft wirkt. Es ist einfach ein Erziehungsmoment, ein Denkzettel, damit der ausgleichende Rechtsakt länger haftet, durch die emotionalen Zustände fixiert, in ähnlichen Situationen reproduziert und so zum Schutze des Rechtsgutes der einzelnen der Gesellschaft immer wieder aktualisiert und wirksam wird. Rache ist der emotionale Anteil des Rechtsaktes auf der primitiven Stufe der Gesellschaft und hat nur dort ihren Sinn, ja sie scheint dort notwendig und daher geboten.

Gustav Nass: Die Kriminellen, dtv (Originalausgabe), München 1966, S. 8 ff.

1.4.2

H. A. L. HART

Strafziele und Strafzuerkennung

a) Definition: Strafe

I. Sie muß die Zufügung von Leid oder andere Konsequenzen beinhalten, die gewöhnlich als unangenehm gelten.
II. Sie muß einen Verstoß gegen rechtliche Normen zum Gegenstand haben.
III. Sie muß sich gegen denjenigen richten, der tatsächlich oder vermutlich den Verstoß begangen hat.
IV. Sie muß von Menschen, und zwar von einer anderen Person als dem Täter, mit Absicht vollzogen werden.

V. Sie muß von einer Autorität auferlegt und vollzogen werden, die durch jenes Rechtssystem, gegen das der Verstoß gerichtet ist, konstituiert wird.

Wenn ich beim Vorliegen dieser Voraussetzungen vom Standardfall der Strafe spreche, erkläre ich die folgenden, neben vielen anderen bestehenden Möglichkeiten zu Fällen einer sekundären Verwendung des Begriffs:

a) Strafen, die nicht durch amtliche Organe auferlegt oder vollzogen werden, obwohl eine Verletzung rechtlicher Normen vorliegt (dezentralisierte Sanktionen).
b) Strafen für die Verletzung außerrechtlicher Normen oder Anordnungen (Strafen in der Familie oder Schule).
c) Die stellvertretende oder kollektive Bestrafung von Mitgliedern einer sozialen Gruppe für Taten, die andere ohne ihre Ermächtigung, Anstiftung, Kontrolle oder Erlaubnis begangen haben.
d) Die Bestrafung von Personen (außer solchen, die unter c) fallen), die weder tatsächlich noch vermutlich eine Normverletzung begangen haben.

b) Das Wesen einer Straftat

Die Frage heißt: Warum werden gewisse Handlungsweisen vom Gesetz verboten und zu Verbrechen oder Straftaten gemacht? Die Antwort darauf lautet: Damit die Gesellschaft sieht, daß diese Handlungen nicht erlaubt sind, und damit ihre Häufigkeit abnimmt. Das sind gewöhnlich die unmittelbaren Ziele, wenn ein Verhalten für strafbar erklärt wird; erst wenn wir Gesetze haben, die in erster Linie diesen Zielen dienen, können wir von einer „Straftat" und von einem „Straftäter" sprechen. Ohne Bezug auf den einfachen Gedanken, daß das Strafrecht durch seine Normen Verhaltensregeln aufstellt, um gewisse Handlungsweisen zu fördern und andere zu verhindern, können wir etwa eine Geldstrafe nicht von einer Steuer unterscheiden, die an ein bestimmtes Verhalten geknüpft ist.

c) Allgemeine Rechtfertigung der Strafe

Ich will davon ausgehen, daß Vergeltung, definiert einfach als die Zufügung des Strafübels gegenüber einem moralisch schuldigen Täter, eine der denkbaren Rechtfertigungen für ein Strafsystem sein kann. Ich werde lediglich darauf bestehen, daß es zwei ganz verschiedene Dinge sind, ob man den Begriff der Vergeltung *an diesem Punkt* einer Straftheorie einführt, um damit dem System eine allgemeine Rechtfertigung zu geben, oder ob man mit Hilfe dieses Begriffs sicherstellen will, daß die Frage „Wer darf bestraft werden?" (die Frage der Zuerkennung des Strafübels) die Antwort findet „Nur wer eine Straftat begangen hat". Diesen Unterschied zwischen der Vergeltung im Sinne eines allgemeinen, rechtfertigenden Strafzieles und der Vergeltung im Sinne der einfachen Forderung, daß nur diejenigen bestraft werden dürfen, die das Recht gebrochen haben, und zwar aus freiem Entschluß, übersehen viele Autoren. Wir wollen den zweiten Sinn im Gegensatz zu dem ersten als „Vergeltung bei der Strafzuerkennung" bezeichnen. Viel Verwirrung und Schattenboxen zwischen Utilitaristen und ihren Gegnern läßt sich vermeiden, wenn man erkennt, daß man ohne jeden Widerspruch *sowohl* das allgemeine Ziel und die Rechtfertigung der Institution der Strafe in ihren positiven Konsequenzen sehen *als auch* die Qualifizierung oder Einschränkung dieses allgemeinen Zieles durch Zuerkennungsprinzipien fordern kann, nach denen Strafe nur den Täter selbst und seine Tat treffen darf. Selbst aus der Anerkennung des letztgenannten Prinzips der Vergeltung bei der Strafzuerkennung folgt nicht im mindesten, daß allgemeines Ziel und Rechtfertigung der Strafe in der Vergeltung liegen müßten.

d) Strafzuerkennung

Das Problem der Zuerkennung hat bei der Strafe zwei Aspekte:

Wer darf bestraft werden? und Wie hoch soll die Strafe sein?
Aus der vorausgegangenen Diskussion ergibt sich zweierlei. Erstens: auch nachdem wir entschieden haben, welches Ziel die Institution der Strafe verfolgen soll, müssen wir immer noch auf die Frage der Zuerkennung „Wer darf bestraft werden?" eine Antwort finden. Zweitens: wenn wir diese Frage mit „Nur ein Täter für seine Tat" beantworten, dann ist dieser Grundsatz der Vergeltung bei der Zuerkennung nicht ein Prinzip, aus dem sich irgend etwas für die Schwere oder das Maß der Strafe folgern ließe; insbesondere ermöglicht oder erfordert dieser Grundsatz nicht (wie das Vergeltungsprinzip im Sinne des allgemeinen Strafzieles es tut) schwerere Strafen, als die Abschreckung oder andere utilitaristische Kriterien sie nötig erscheinen lassen.

H. L. A. Hart: Recht und Moral, Göttingen 1971, S. 61–68

1.4.3

DONAT PINTER

Zweck und Aufgabe der Strafe

Zweck und Aufgabe der Strafe sind in Theorien niedergelegt, die im folgenden kurz dargestellt werden:

a) Die Theorie der Vergeltung. Diese Theorie befriedigt das urmenschliche Bedürfnis nach Vergeltung (Aug' um Aug', Zahn um Zahn). In der Praxis ist diese Theorie in den Hintergrund getreten, weil die bloße Vergeltung die Situation des Täters und die Umstände zur Zeit der Tat außer Acht läßt und sich nur an den äußeren, zutagegetretenen Umständen des Verbrechens orientiert. Eine adäquate Vergeltung ist daher nicht möglich.

b) Die Theorie der Abschreckung. Diese Theorie bemißt die Strafe nicht nach der Schwere der vorliegenden Tat, sondern handhabt sie überwiegend im Hinblick auf ihre Wirkung auf andere. Potentielle Täter sollen abgeschreckt werden. Es ist ganz selbstverständlich, daß die Abschreckung nicht unseren heutigen Vorstellungen von Schuld und Sühne entspricht und nicht mehr Hauptzweck der Strafe sein kann.

c) Die Theorie der Resozialisierung. Diese, der heutigen Auffassung vom Zweck der Strafe entsprechende Ansicht läßt den Gedanken der Vergeltung und Abschreckung weitgehend außer Acht. Sie will die Strafe als ein Mittel verstanden wissen, die Einsicht des Täters in das Unrecht seiner Handlung zu wecken, seine Besserung einzuleiten und ihn alsbald wieder in die menschliche Gesellschaft einzugliedern.
In ihrer letzten Konsequenz läßt aber eine nur auf die Resozialisierung des Täters abgestellte Handhabung der Strafe das Opfer des Verbrechens unberücksichtigt und widerspricht damit dem in gewissen Grenzen legitimen Sühne- und Strafbedürfnis.
In der Strafrechtspraxis kommt die Resozialisierungstheorie dann nicht zur Anwendung, wenn die Persönlichkeit des Täters keine Gewähr für eine Resozialisierung bietet oder wenn die Schwere der Tat einfach ein gewisses Maß an Sühne fordert.
Die Theorie der Resozialisierung findet ihre uneingeschränkte Bejahung und Anwendung nur im Jugendstrafrecht.

d) Die Theorie der Sicherung und Verwahrung. Diese Theorie geht davon aus, daß eine ganze Reihe von Straftätern weder resozialisierungsfähig noch resozialisierungswillig ist. Hier hat die Strafe überwiegend den Zweck des Schutzes und der Sicherung der Allgemeinheit vor einer Wiederholung der Straftat. Wenn der Täter infolge strafrechtlich relevanter Umstände nicht in einer Strafanstalt zu verwahren ist, kann er in einer Heil- und Pflegeanstalt, einer Trinkerheilanstalt oder Entziehungsanstalt untergebracht werden. Ferner ist die Anordnung der Sicherungsverwahrung, Untersagung der Berufsausübung, Entziehung der Fahrerlaubnis usw. möglich.

Donat Pinter: Rechtskunde 1-Grundwissen Privates und Öffentliches Recht, Hueber-Holzmann-Verlag, München, S. 210/11

1.4.4

KARL MENNINGER

Gesellschaft und Verbrecher

Insgeheim verlangt die Gesellschaft nach Verbrechen, ja, sie benötigt sie; und der falsch geführte gegenwärtige Kampf gegen das Verbrechen ruft in uns tiefe Befriedigung hervor. Wir verdammen das Verbrechen; wir bestrafen diejenigen, die es begehen; und trotzdem benötigen wir es. Das Ritual von ‚Verbrechen und Strafe' ist ein Teil unseres Lebens. Wir brauchen das Verbrechen, um es zu bestaunen und stellvertretend genießen zu können, es zu diskutieren und darüber zu spekulieren und öffentlich zu mißbilligen. Wir brauchen Verbrecher, um uns selbst mit ihnen zu identifizieren, sie heimlich zu beneiden und dann ohne Rücksicht zu bestrafen. Verbrecher repräsentieren unser *Alter Ego* – unser „böses" Selbst –, das wir verdrängen und nach außen projezieren. Sie tun für uns das Verbotene, das Ungesetzliche, das wir eigentlich gern selber täten; sie spielen die alte Rolle des Sündenbocks und tragen für uns die Last verdrängter Schuld und Strafe – „unser aller Sünden."

Karl Menninger: The Crime of Punishment, Viking, New York, 1968 (dt: Strafe – ein Verbrechen? Piper, München, 1970) (zitiert in: Moor Paul, Das Selbstporträt des Jürgen Bartsch, S. 18)

1.4.5

REINHART MAURACH

Die Aufgabe des Strafrechts

Aber ist es für diese Aufgabe noch legitimiert, nachdem die Tat, die es doch verhindern wollte, bereits begangen ist? Gewiß hat die Antwort ihre Berechtigung, daß der Täter durch die Begehung der Tat seine Rechtsfeindschaft offenbarte, seine *Gefährlichkeit* für die Zukunft erwies und aus diesem Grunde einem Strafübel unterworfen werden muß, das in Auswahl und Gestaltung eben diese Gefährlichkeit künftig zu bannen in der Lage ist. Aber die Frage bleibt, ob die soziale Prognose wirklich die einzige, ja auch nur die wichtigste Ratio der strafrechtlichen Machtmittel darstellt, ob sich das Strafrecht zur Bewältigung seiner Aufgabe, der Bekämpfung des Verbrechens, nicht zu unsicherer Merkmale bedient, wenn es sich zur Rechtfertigung seines Einschreitens an die Gefährlichkeit des konkreten Täters und nur an diese klammert.
Diese Frage ist berechtigt. Denn sie erweist die Unmöglichkeit, die feststehende Aufgabe des Strafrechts, die Verbrechensbekämpfung, nach einer zufälligen, nicht unbedingt charakteristischen Eigenschaft des Täters auszurichten. Bekämpfung der Kriminalität heißt Sicherung der Friedensordnung. Es mag dabei auf sich beruhen, daß die Anknüpfung der Strafe lediglich an die Gefährlichkeit des Täters die durch den Täter verletzte Friedensordnung nur noch weiter zerstört, anstatt sie wiederherzustellen. Wesentlicher sind die folgenden Bedenken. Zunächst: Bannung drohender Gefahr erfolgt durch *Sicherung* der Gesellschaft; diese kann aber in bestimmtem Umfange erreicht werden, auch ohne dem Täter das notwendige Übel der Strafe aufzuerlegen: Zweck und Mittel stehen daher nicht in dem gebotenen Verhältnis zueinander. Und damit kommen wir zum zweiten Bedenken: die lediglich nach der Gefährlichkeit des Täters ausgewählte und bemessene Reaktion beraubt das Strafrecht der ihm allein vorbehaltenen Möglichkeiten, die Verbrechensbekämpfung von einer ungleich stärkeren Position aus zu führen, als es die soziale Prognose der Gefährlichkeit ist. Die nur auf die Gefährlichkeit des Täters abgestellte Aktion ist in Wahrheit keine Reaktion, sondern bloße Prophylaxe; sie nimmt das Verbrechen *nur zum Anlaß, nicht zum Rechtsgrund* ihres Einschreitens und vernichtet damit den Charakter der Strafe als eines dem *Verbrechen folgenden, ausgleichenden Übels.* Rechtsgrund der Strafe ist daher nicht die Prognose, sondern allein das begangene Verbrechen, welches den sinnfälligen Ausdruck des gemeinschaftswidrigen Willens des Täters darstellt. Diese im Verbrechen offenbar gewordene, auf das konkrete Verbrechen

bezogene Gemeinschaftswidrigkeit oder Rechtsfeindschaft des Täters bezeichnen wir als seine *Schuld,* als ein von der Tat auf den Täter übergehendes Unwertsurteil. Erst das Schuldurteil gibt dem Strafrecht die Grundlage, den unsicheren Weg der Gefährlichkeitsprophylaxe zu verlassen und von der Fülle derjenigen Möglichkeiten Gebrauch zu machen, die ihm die Aufgabe der Verbrechensbekämpfung eröffnet. Die an die Schuld des Täters anknüpfende Strafe ist echte Reaktion. Aber sie erschöpft sich nicht in einer solchen; vielmehr gestattet erst die Repressionswirkung des Strafrechts diesem die Entfaltung einer universellen Kriminalpolitik: punitur, quia peccatum est, ne peccetur. Damit sind die beiden großen Antithesen bestimmt, die das Schicksal des Strafrechts in Händen halten: *Schuld und Gefährlichkeit.* Ihr Wert, ihr Verhältnis zueinander, vor allem aber ihre klare Abgrenzung voneinander sind für den Grundgedanken, den sittlichen Rang und die praktische Wirksamkeit des komplizierten Instrumentes, welches das Strafrecht darstellt, von entscheidender Bedeutung.

Reinhart Maurach, Deutsches Strafrecht, Allgemeiner Teil. 4. Auflage. C. F. Müller. Karlsruhe 1971, S. 56/57

1.4.6

HANS HEINRICH JESCHEK

Grundsätze der Kriminalpolitik

Die kriminalpolitische Grundkonzeption des neuen Strafrechts besteht in einer Verbindung des *Schuldausgleichs* einerseits mit dem Ziel der Einwirkung der Strafe auf die Persönlichkeit des Täters andererseits. Man nennt die Einwirkung auf den Täter *Spezialprävention.* Mit dieser allgemeinen Aussage muß man sich freilich begnügen, denn dem Gesetz ist nichts Näheres darüber zu entnehmen, in welcher Beziehung, insbesondere in welcher Rangordnung diese beiden Aufgaben der Strafe zueinander stehen sollen und wie sich der Gesetzgeber vor allem das Verhältnis zwischen Schuldprinzip und Strafhöhe gedacht hat. Die Vorschrift des § 46 Abs. 1 Satz 1 „Die Schuld des Täters ist die Grundlage für die Zumessung der Strafe“ enthält nur ein allgemeines Bekenntnis zum Schuldprinzip. Auch bei dem zweiten Satz „Die Wirkungen, die von der Strafe für das zukünftige Leben des Täters in der Gesellschaft zu erwarten sind, sind zu berücksichtigen“, vermißt man die Angabe, welche Einschränkungen sich der Schuldausgleich im Hinblick auf die Spezialprävention gefallen lassen muß. Trotzdem ist die Aussage des § 46 Abs. 1 über die kriminalpolitische Grundkonzeption des neuen Rechts nicht ohne Wert. Sie stellt einmal klar, daß eine Strafe, die nach Art und Höhe mit der Schuld des Täters unvereinbar, weil erheblich zu streng oder erheblich zu milde wäre, dem Gesetz nicht entsprechen würde. Abgesagt wurde durch den § 46 ferner einem reinen Maßregelsystem, wie es immer wieder von gläubigen Anhängern einer unbegrenzten Verwendbarkeit der Sozialtherapie gepredigt wird. Auf der anderen Seite ergibt sich aus § 46 eindeutig, daß der Gesetzgeber bei jedem Strafzumessungsakt das Mitbedenken der

Auswirkungen der Sanktion auf das künftige Leben des Verurteilten in der Gesellschaft fordert und die Bestrafung keineswegs nur als Akt der austeilenden Gerechtigkeit versteht.

Keine ausdrückliche Erwähnung im neuen Recht hat die *Generalprävention* gefunden. Man versteht darunter die Rechtsbewährung durch Einwirkung der Strafe auf das Rechtsbewußtsein der Allgemeinheit. Daraus wird zu schließen sein, daß die Rechtsbewährung ein vom Gesetzgeber stillschweigend vorausgesetzter und zugrunde gelegter Strafzweck ist und deshalb eine Schärfung der verdienten Strafe allein aus Gründen der allgemeinen Abschreckung durch das neue Recht nicht gedeckt wäre. Der Gesetzgeber hat offensichtlich die Abschreckungswirkung der gerechten, weil schuldangemessenen Strafe für die Generalprävention als ausreichend angesehen.

Die Forderung nach *Entkriminalisierung des Strafrechts* hat im neuen Recht mehrfach Berücksichtigung gefunden. Einmal hat der Gesetzgeber mit einem Federstrich den gesamten 29. Abschnitt „Übertretungen" aufgehoben, der nach der Umwandlung der Verkehrsübertretungen in nicht-kriminelle Ordnungswidrigkeiten den bedeutendsten Teil des noch verbleibenden Bagatellstrafrechts darstellte. Die wichtigsten Übertretungen des StGB sind ebenfalls in Ordnungswidrigkeiten umgewandelt worden. So findet man jetzt z. B. die falsche Namensangabe (bisher § 360 Nr. 8 StGB) im § 111 OWiG, den ruhestörenden Lärm und den groben Unfug (bisher § 360 Nr. 11 StGB) in § 117 bzw. 118 OWiG wieder. Der Entkriminalisierung im Bagatellbereich dienen ferner zwei neue Vorschriften des Strafprozeßrechts. Als Ausnahme von der Verfolgungspflicht kann die Staatsanwaltschaft bei gegen fremdes Vermögen gerichteten Vergehen, die nicht mit einer im Mindestmaß erhöhten Freiheitsstrafe bedroht sind (also z. B. nicht bei Diebstahl mit Waffen und Bandendiebstahl, § 244), das Verfahren ohne Zustimmung des Gerichts einstellen, wenn der Schaden und die Schuld des Täters gering sind und kein öffentliches Interesse an der Strafverfolgung besteht (§ 153 Abs. 1 Satz 2 StPO). Weiter ist nach § 153a StPO die bedingte Einstellung des Strafverfahrens eingeführt worden. Die Staatsanwaltschaft kann nach dieser Vorschrift mit Zustimmung des Gerichts und des Beschuldigten bei allen Vergehen unter Anordnung von Auflagen und Weisungen (z. B. der Leistung eines Geldbetrages an eine gemeinnützige Einrichtung) bedingt von der Erhebung der öffentlichen Klage absehen, wenn diese Anordnung geeignet ist, bei geringer Schuld des Täters das öffentliche Interesse an der Strafverfolgung zu beseitigen. Ein prozessualer Weg der Entkriminalisierung im Bagatellbereich ist ferner die Einführung des Strafantragserfordernisses bei Diebstahl und Unterschlagung geringwertiger Sachen (§ 248a), eine Vorschrift, die auch den bekannten Mundraub aus dem Übertretungsteil (§ 370 Abs. 1 Nr. 5 a. f.) in sich aufgenommen hat. Diese Bestimmung ist bei mehreren Vermögensdelikten im Vergehensbereich entsprechend anwendbar. Der Gesetzgeber rechnet offenbar damit, daß derartige Fälle meist nicht zu einem Strafantrag führen werden, sondern auf zivilrechtlichem oder außergerichtlichem Wege ihre Erledigung finden. Weit über den Bagatellbereich hinaus greift § 60, wonach das Gericht von Strafe absieht, wenn die Folgen der Tat, die den Täter getroffen haben, so schwer sind,

daß die Verhängung einer Strafe offensichtlich verfehlt wäre. Entkriminalisierung im Kernbereich des Strafrechts bedeutet ferner die Freigabe des Schwangerschaftsabbruchs in den ersten zwölf Wochen nach der Empfängnis (§ 218a) und die erhebliche Zurücknahme der Grenzen der Strafbarkeit im Sexualstrafrecht (§§ 174 ff.).
Ein weiteres fundamentales Prinzip unseres Strafrechts ist der Satz, daß alle Voraussetzungen der Bestrafung sowie Art und Höhe der Strafe durch das Gesetz bestimmt sein müssen, das sogenannte *Gesetzlichkeitsprinzip*. Wir finden das Gesetzlichkeitsprinzip an der Spitze des neuen Strafgesetzbuchs in einer Vorschrift, die wörtlich mit der entsprechenden Verfassungsgarantie des Art. 103 Abs. 2 GG übereinstimmt: „Eine Tat kann nur bestraft werden, wenn die Strafbarkeit gesetzlich bestimmt war, bevor die Tat begangen wurde". Durch diese Selbstbindung des Staates soll sichergestellt werden, daß strafrechtliche Sanktionen einer Handlung schon im Zeitpunkt der Tat feststehen und jedermann wissen und darauf vertrauen darf, daß eine Handlung, die bei ihrer Vornahme nicht ausdrücklich für strafbar erklärt war, auch später nicht bestraft werden kann. Daraus folgt einmal, daß der Strafrichter nicht befugt ist, Lücken im Gesetz durch entsprechende Anwendung einer wenn auch nicht unmittelbar zutreffenden, so doch ähnlichen Strafvorschrift aus eigener Machtvollkommenheit zu schließen. Für das bürgerliche Recht gilt als allgemeiner Grundsatz die berühmte Formel des Art. 1 Abs. 2 des schweizerischen Zivilgesetzbuchs: „Kann dem Gesetze keine Vorschrift entnommen werden, so soll der Richter nach Gewohnheitsrecht und, wo ein solches fehlt, nach der Regel entscheiden, die er als Gesetzgeber aufstellen würde." Für das Strafrecht gilt dagegen gerade das Verbot des Gewohnheitsrechts und der Analogie, jedenfalls wenn daraus eine Verschärfung der sich aus dem Gesetzestext ergebenden Rechtslage zum Nachteil des Beschuldigten resultieren würde (so könnten z. B. nächtliche Störanrufe nicht als Hausfriedensbruch nach § 123 bestraft werden, weil dieser Tatbestand ein körperliches Eindringen in die Wohnung des Verletzten verlangt). Eine Konsequenz des Gesetzlichkeitsprinzips ist ferner das Rückwirkungsverbot. Auch dieses gilt aber nur *zum Schutze* des Täters. Deswegen ist nach § 2 Abs. 3 das jeweils mildeste Gesetz anzuwenden, wenn das Gesetz, das bei der Begehung der Tat gilt, vor der Entscheidung geändert wird. Aus dem Gesetzlichkeitsprinzip ergibt sich endlich das Bestimmtheitsgebot. Die Garantie des Vorhandenseins einer gesetzlichen Grundlage für Strafbarkeit und Strafe würde keine wirkliche Rechtssicherheit gewährleisten, wenn der Gesetzgeber durch unscharfe Fassung der Straftatbestände einer eigenen Entscheidung ausweichen und die Bestimmung darüber, was strafbar ist und was nicht, dem Richter überlassen dürfte. Eine solche unbestimmte, nur durch die Rechtsprechung eingeschränkte Strafvorschrift ist früher der erwähnte grobe Unfug gewesen, der in dem alten § 360 Nr. 11 StGB einfach lautete: „wer groben Unfug verübt . . .", jetzt aber in § 118 OWiG dem Bestimmtheitsgebot besser entsprechend, wie folgt, gefaßt ist: „wer eine grob ungehörige Handlung vornimmt, die geeignet ist, die Allgemeinheit zu belästigen oder zu gefährden und die öffentliche Ordnung zu beeinträchtigen . . .". Dem die Rechtssicherheit verbürgenden

Bestimmtheitsgebot dient ferner die im Zuge der Reform erfolgte Umwandlung von einigen bisher nur als Richterrecht geltenden Regeln in gesetzliche Normen. Wir finden eine solche Übernahme beim unechten Unterlassungsdelikt (§ 13), beim Verbotsirrtum (§ 17), beim rechtfertigenden Notstand (§ 34) und beim Irrtum über den entschuldigenden Notstand (§ 35 Abs. 2). Größere Bestimmtheit des Gesetzes gewährleisten ferner die engere Definition des Versuchs (§ 22), die neue Vorschrift über den Rücktritt vom Versuch, wenn bei einer Tat mehrere beteiligt sind (§ 24 Abs. 2) und der Katalog der Personen- und Sachbegriffe (§ 11). Das gleiche Ziel verfolgt im Besonderen Teil die präzisere Fassung vieler Tatbestände, z. B. im Verkehrsstrafrecht (§ 142), im Sexualstrafrecht (§§ 174 ff.), bei Begünstigung, Strafvereitelung und Hehlerei (§§ 257–259), bei der Baugefährdung (§ 330) und bei den Amtsdelikten (§§ 331 ff.).

Strafen und Maßregeln

Der Schwerpunkt der Reform des deutschen Strafrechts liegt indessen nicht bei den Voraussetzungen der Strafbarkeit, sondern bei den Strafen und Maßregeln. Die allgemeine Tendenz des neuen Rechts läßt sich durch das Schlagwort kennzeichnen: so wenig Strafen wie nötig, so viel Sozialhilfen wie möglich.

Die *Freiheitsstrafe* bleibt zwar auch in Zukunft das Rückgrat des Strafensystems, da sie für die schwere und mittlere Kriminalität sowie für den Rückfall (§ 48) die einzige Strafart ist und als Ersatzfreiheitsstrafe (§ 43) auch hinter der uneinbringlichen Geldstrafe steht. Im Bereich bis zu einem Monat wird die Freiheitsstrafe jedoch ganz abgeschafft (§ 38 Abs. 2), im Bereich von einem Monat bis zu sechs Monaten wird sie regelmäßig durch die Geldstrafe ersetzt und nur noch als „ultima ratio“ verhängt (§ 47). Es kommt hinzu, daß der Vollzug der Freiheitsstrafe durch die erhebliche Ausdehnung der Strafaussetzung zur Bewährung (§§ 56–58) ebenfalls beträchtlich zurückgedrängt wird. So ist das Bild der Strafzumessung in der Praxis zur Zeit so, daß für etwa 85% aller Straftaten von Erwachsenen, die vor Gericht kommen, Geldstrafe ausgesprochen wird, die in einem Anteilssatz von unter 5% in Ersatzfreiheitsstrafe umgewandelt werden muß. Weiter zeigt die Statistik, daß bei mehr als der Hälfte der Freiheitsstrafen die Vollstreckung zur Bewährung ausgesetzt wird, wenngleich freilich wiederum etwa die Hälfte dieser Strafen wegen Widerrufs der Strafaussetzung letztlich doch vollstreckt werden muß. Im ganzen besteht jedenfalls zur Zeit die Sanktion in wenig mehr als 10% aller abgeurteilten Straftaten in einer Freiheitsstrafe, die den Verurteilten wirklich hinter Gefängnismauern bringt. Gleichwohl ist die Belegung der Strafanstalten, die zunächst erheblich zurückgegangen war, allmählich wieder im Ansteigen begriffen.

Bei der Freiheitsstrafe ist im übrigen die wichtigste Neuerung, daß es (abgesehen von der Jugendstrafe und vom Strafarrest für Soldaten) nur noch eine *Einheitsstrafe* (§ 38) gibt, die im Vollzug eine sachgemäße Differenzierung allein nach ihrer Dauer und nach der Persönlichkeit des Verurteilten ermöglicht. Der Vollstreckungsplan, der die Zuständigkeit der Vollzugsanstalten eines Bundeslandes regelt, kann danach ausgerichtet, die Einweisung in die einzelnen Anstalten einer zentralen Einweisungskommission übertragen werden. Die Zuchthausstrafe mit ihrer brandmarkenden Wirkung ist abgeschafft. Dagegen hat das neue Recht die lebenslange Freiheitsstrafe trotz starker Kritik beibehalten und für diese Strafart auch keine bedingte Entlassung vorgesehen, die es sonst nach zwei Dritteln und in Ausnahmefällen sogar nach der Hälfte der Strafzeit gibt (§ 57). Der Ernst und die Strenge des Strafrechts gegenüber den allerschwersten Erscheinungen der Kriminalität, die in einer Zeit beträchtlichen Ansteigens der Gewaltverbrechen den Rechtsfrieden und die öffentliche Sicherheit bedrohen, soll eindeutig und auch für die Allgemeinheit unmittelbar einleuchtend erhalten bleiben.

Angesichts der überragenden praktischen Bedeutung der *Geldstrafe* durch die Zurückdrängung der Freiheitsstrafe stellt ihre Reform einen weiteren Schwerpunkt des neuen Rechts dar. Mit der Einführung des skandinavischen Tagesbußensystems (§ 40) anstelle des alten Gesamtsummensystems will der Gesetzgeber die Geldstrafe sowohl gerechter als auch durchsichtiger gestalten. Der Strafzumessungsvorgang wird nämlich in zwei nach außen erkennbare Schritte zerlegt. Die Zahl der Tagessätze wird nach der Schuld und dem Vorbeugungszweck (§ 46 Abs. 1), die Höhe des Tagessatzes dagegen nach der wirtschaftlichen Leistungsfähigkeit des Angeklagten bemessen, wobei der Richter von dem Nettoeinkommen ausgeht, das der Täter hat oder bei zumutbarer Ausnutzung seiner Arbeitskraft haben könnte. Die frühere Aufgabe der Gewinnabschöpfung hat die Geldstrafe dagegen an die neue Einrichtung des *Verfalls* (§§ 73–73d) abgegeben. Der Gesetzgeber verspricht sich offensichtlich viel von dem Tagesbußensystem, gegen das jedoch in Dänemark kritische Stimmen laut geworden sind. Aber nicht nur mit der Freiheitsstrafe, sondern auch mit der Geldstrafe kann der Täter verschont werden. Bei Geldstrafen bis zu 180 Tagessätzen bietet die *Verwarnung mit Strafvorbehalt* dafür eine in unserem Recht neuartige Möglichkeit (§§ 59–59c). Das Gericht beschränkt sich hier auf den Schuldspruch und erteilt dem Angeklagten lediglich eine Verwarnung. Zugleich wird in den Akten eine bestimmte Geldstrafe vermerkt, deren Ausspruch jedoch für den Fall vorbehalten bleibt, daß sich der Verurteilte in der vom Gericht festgesetzen Bewährungszeit zwischen einem und drei Jahren nicht bewährt. Bei günstigem Verlauf bleibt es bei der Verwarnung, und der Verurteilte ist dann im Gegensatz zur Aussetzung der Strafvollstreckung nicht vorbestraft.

Die nach der Tatschuld bemessene Strafe vermag die vorbeugende Aufgabe des Strafrechts aber nur in begrenztem Umfange zu übernehmen. Aus Gründen der Sicherung der Allgemeinheit kann eine längere Freiheitsentziehung, als sie nach der Schuld verdient wäre, notwendig, aus Gründen der Besserung des Verurteilten eine andere Art der Einwirkung als durch den gewöhnlichen Strafvollzug erforderlich sein. Das neue Recht hat deswegen an der *Zweispurigkeit* der Strafen und Maßregeln festgehalten (§ 61), das bestehende System aber durchgreifend verbessert, so daß auch die Maßregeln als ein Schwerpunkt der Reform angesehen werden können.

Freiheitsentziehende Maßregeln (§ 61 Nr. 1–4) sind die Unterbringung in einem psychiatrischen Krankenhaus, in einer Entziehungsanstalt, in einer sozialtherapeutischen Anstalt und in der Sicherungsverwahrung. Letztere kommt nach den verschärften Voraussetzungen, die das neue Recht aufgestellt hat, nur noch für wirklich gefährliche Kriminelle in Betracht. Das Arbeitshaus ist im Hinblick auf das Verhältnismäßigkeitsprinzip (§ 62) weggefallen, weil die langfristige Freiheitsentziehung für Kleinkriminelle ein viel zu weitgehender Eingriff ist. Der Schwerpunkt der Maßregeln sollte nach dem Gesamtkonzept des Sanktionensystems bei der sozialtherapeutischen Anstalt liegen, die für gefährliche Rückfalltäter mit schweren Persönlichkeitsstörungen, für gefährliche Sexualverbrecher, für werdende Hangtäter unter 27 Jahren und für geeignete, im psychiatrischen Krankenhaus bereits untergebrachte Fälle von Schuldunfähigkeit und verminderter Schuldfähigkeit vorgesehen ist. Die neuen Bestimmungen sollten ursprünglich am 1. Januar 1978 in Kraft treten. Doch haben sich der Einführung der sozialtherapeutischen Anstalt unerwartet große Schwierigkeiten personeller und finanzieller Art entgegengestellt. Auch erwies sich, daß die Probleme der inneren Ordnung und der anzuwendenden therapeutischen Methoden bei dem neuen Anstaltstyp noch nicht genügend geklärt sind. So hat sich der Gesetzgeber entschließen müssen, das Inkrafttreten der die sozialtherapeutische Anstalt betreffenden Vorschriften auf den 1. Januar 1985 zu verschieben (BGBl. 1977 I, S. 3104), was einen schmerzlichen Rückschlag für die Strafrechtsreform in Deutschland bedeutet. Um die Bedenken gegen freiheitsentziehende Maßregeln, die nach der Freiheitsstrafe vollzogen werden müssen, auszuräumen, hat das neue Recht im § 67 grundsätzlich den Austausch in der zeitlichen Reihenfolge von Freiheitsstrafen und freiheitsentziehenden Maßregeln im Vollzug mit Vorrang der Maßregel und Anrechnung des Maßregelvollzugs auf die Strafe vorgesehen (freilich unter Ausschluß der Sicherungsverwahrung). Zugleich wurde die Möglichkeit der Aussetzung des verbleibenden Strafrests vor Erledigung von zwei Dritteln der Strafzeit geschaffen. Auch die Aussetzung des Maßregelvollzugs zur Bewährung gibt es im neuen Recht (§§ 67b und c).

Maßregeln ohne Freiheitsentziehung (§ 61 Nr. 5–7) sind die neugeschaffene Führungsaufsicht, die Entziehung der Fahrerlaubnis und das Berufsverbot. Die Führungsaufsicht (§§ 68 ff.), die an die Stelle der alten Polizeiaufsicht getreten ist und nicht nur Sicherungscharakter haben soll wie diese, sondern den Schutz der Allgemeinheit mit gezielter sozialer Hilfe verbindet, ist gerade wegen dieser Doppelnatur problematisch, aber für die Gruppe der gefährlichen und auch besonders gefährdeten Kriminellen schwerlich zu entbehren. Ihr Erfolg oder Mißerfolg wird abhängen von der Zusammenarbeit der bei den Landgerichten geschaffenen Aufsichtsstellen mit besonders ausgesuchten und ausgebildeten Bewährungshelfern, die in der Führungsaufsicht tätig werden sollen.

Hans Heinrich Jeschek: Einführung zum Strafgesetzbuch (in der neuen, seit 11. 1. 1975 gültigen Fassung), dtv-Beck, München, 18. Auflage 1978, S. 8 ff.

2. Grenzen der Codifizierbarkeit ethischer Normen

2.1

HELMUT COING

Begrenzung der Strafe

Was die staatliche *Strafgewalt* angeht, so gilt es vor allem, die Natur der Strafe zu klären. Zwei grundsätzliche Auffassungen stehen sich hier gegenüber: die eine sieht in der staatlichen Strafe eine sittliche Institution, die unmittelbar aus der Rechtsidee folgt. Diese Auffassung hat insbesondere die Philosophie des deutschen Idealismus, am tiefsten Hegel, vertreten. Die andere Auffassung sieht in der Strafe eine Maßnahme staatlicher Zweckmäßigkeit zum Schutze der Rechtsordnung, die seitens der Rechtsidee wohl begrenzt, aber nicht gefordert wird. Es ist die Theorie der sog. Generalprävention, wie sie vor allem Feuerbach vertreten hat. Gegenüber der ersten Theorie ist folgendes hervorzuheben.

1. Sittliche Werte fordern, wenn sie verletzt verden, keine Strafe; sie können bei einem geistigen Wesen nur Trauer, Reue und den Willen zur Besserung hervorrufen. Insbesondere fordert die ausgleichende Gerechtigkeit nicht die Zufügung eines Übels für den Rechtsbrecher. Das würde voraussetzen, daß Tugend mit Glück, Böses mit Unglück sittlich verbunden und daß der Staat berufen sei, diesen Zusammenhang herzustellen. Die Strafe nützt dem Verletzten nichts, stellt kein verletztes Recht wieder her: nur wer gestilltes Racheverlangen und gestillte Schadenfreude für einen Ausgleich hält, kann die Bestrafung aus der iustitia commutativa ableiten. Einzig soweit sie Gelegenheit zur Entsühnung böte, wäre sie sittlich gerechtfertigt.
2. Selbst wenn die Verletzung eines sittlichen Gebotes metaphysisch die Notwendigkeit einer Sühne begründete, so würde daraus noch nicht folgen, daß der *Staat* berufen wäre, diese Sühne anzuordnen und zu vollziehen. Das setzt voraus, daß man den Staat die Befugnis zuspricht, für den Bestand der Sittlichkeit auf Erden zu sorgen. Tatsächlich ist das häufig geschehen. Demgegenüber haben wir bereits hervorgehoben, daß dem Staat diese Aufgabe eben nicht zufällt und vermöge seines Wesens als Machtorganisation auch gar nicht zufallen kann. Wäre es anders, so wäre nicht abzusehen, wo die Grenze der Strafgewalr des Staates liegen soll; er müßte jedes unsittliche Verhalten verfolgen.

In Wahrheit ist die staatliche Strafe ein Zwangsmittel des Staates, das seinen Anordnungen Gehorsam sichern soll. Der Anschein der Verteidigung sittlicher Werte entsteht dadurch, daß die geschützte staatliche Ordnung z. T. (aber durchaus nicht in jedem Fall der Bestrafung) auf sittlichen Regeln beruht. Dieser Natur als staatlichem Zwangsmittel entspricht auch die Form der Strafe. Verstümmelung und Freiheitsberaubung, Töten und Konfiszieren entsprechen wohl der Gewalt- und Zwangsnatur des Staates; aber nicht dem Wesen sittlicher

Werte. „Der Soldat und der Henker sind nicht ganz leicht als Vollstrecker der Bergpredigt zu denken[6]." Die Strafen können auch nicht zu einer inneren Entsühnung führen.

Die Strafe folgt also nicht aus der Rechtsidee, sondern aus der Natur des Staates. Sie findet wie alle Staatsgewalt in der Rechtsidee nicht ihre *Begründung*, sondern ihre *Begrenzung*. Die Entwicklung des *Strafrechts* ist die Geschichte dieser Begrenzung.

Diese Begrenzung liegt in folgenden Grundsätzen. *Keine Bestrafung ohne Verschulden*, d. h. ohne daß eine persönliche sittliche Verantwortlichkeit und Vorwerfbarkeit gegeben ist. Unzulässig sind insbesondere die sog. Sippenhaftung, die Bestrafung von Geiseln, die strafrechtliche Geltendmachung einer Kollektivschuld.

Keine Bestrafung ohne rechtliches Verfahren. Bei der Schwere des Eingriffs in die Grundrechte, welche die Bestrafung in der Regel bedeutet, genügt es nicht, wenn die Möglichkeit einer *Nachprüfung* der verhängten Strafe gegeben ist; die Rechtmäßigkeit muß vorher geprüft, das Rechtsverfahren dem Vollzuge *vorgeschaltet* werden. „Daß nach der Tat der ergriffene Täter nicht ohne irgendwelche gerichtliche Verurteilung hingerichtet werden darf, ist ein fundamentaler Rechtssatz aller zivilisierten Nationen[7]." Dementsprechend muß auch der Grundsatz gelten, daß jedermann als unschuldig gilt, bis ihm ein Verbrechen nachgewiesen ist. – *Nulla poena sine lege*. Dieser Satz folgt aus dem Willkürverbot, positiv ausgedrückt, aus dem Gebot von Treu und Glauben. Der Staat muß sich an seine eigene Ordnung halten. Wo er keine Strafe vorgesehen hatte, kann er auch nicht strafen.

Keine Strafe außer Verhältnis zur Größe der sittlichen Schuld und erstrebtem Zweck. Dieser letzte Satz folgt aus dem allgemeinen Grundsatz der Verhältnismäßigkeit. Im Grunde gibt es freilich keine Relation zwischen sittlicher Schuld und Strafe – darin liegt die sittliche Not des Richters bei der Strafzumessung; aber es besteht doch die Möglichkeit, innerhalb des Strafrahmens eine leichtere oder schwerere Strafe je nach dem Grade der sittlichen Verwerflichkeit zu wählen.

Unzulässig erscheint die Todesstrafe. Sie vernichtet den Verbrecher. Dazu hat aber der Staat kein Recht; denn damit würde er einen Menschen staatlichen Zwecken opfern. Die Todesstrafe widerspricht daher der Rechtsidee. Man muß nach ihrer Beseitigung streben.

Helmut Coing, Grundzüge der Rechtsphilosophie, Walter de Gruyter & Co. Berlin 1950, S. 212–14

6 Troeltsch, Histor. Zeitschr. 106, 256

7 OLG Stuttgart in einem Urteil vom 6. 11. 46 betr. Erschießung Fahnenflüchtiger. SJZ 1947, 204 ff., insbes. p. 206

2.2

RUDOLF VON IHERING

Rechtsgefühl

Und was ist es, das all dies Wunder tut? Nicht die Erkenntnis, nicht die Bildung, sondern das einfache Gefühl des Schmerzes. Der Schmerz ist der Notschrei und der Hilferuf der bedrohten Natur. Das gilt wie vom physischen, so auch vom moralischen Organismus, und was dem Mediziner die Pathologie des menschlichen Organismus, das ist die Pathologie des Rechtsgefühls dem Juristen und Rechtsphilosophen, oder richtiger: das sollte sie ihm sein, denn es wäre verkehrt, zu behaupten, daß sie es ihm bereits geworden sei. In ihr steckt das ganze Geheimnis des Rechts. Der Schmerz, den der Mensch bei der Verletzung seines Rechts empfindet, enthält das gewaltsam erpreßte, instinktive Selbstgeständnis über das, was das Recht ihm ist, zunächst was es ihm, dem Einzelnen, sodann aber auch, was es der menschlichen Gesellschaft ist. In diesem einen Moment kommt in Form des Affekts, des unmittelbaren Gefühls von der wahren Bedeutung und dem wahren Wesen des Rechts mehr zum Vorschein als während langer Jahre ungestörten Genusses. Wer nicht an sich selbst oder an einem andern diesen Schmerz erfahren hat, weiß nicht, was das Recht ist, und wenn er auch das ganze Corpus juris im Kopf hätte. Nicht der Verstand, nur das Gefühl vermag uns diese Frage zu beantworten, darum hat die Sprache mit Recht den psychologischen Urquell alles Rechts als *Rechtsgefühl* bezeichnet. Rechts*bewußtsein,* rechtliche *Überzeugung* sind Abstraktionen der Wissenschaft, die das Volk nicht kennt –, die Kraft des Rechts ruht im Gefühl, ganz so wie die der Liebe; der Verstand und die Einsicht kann das mangelnde Gefühl nicht ersetzen. Aber wie die Liebe sich oft selber nicht kennt und ein einziger Moment ausreicht, sie zum vollen Bewußtsein ihrer selbst zu bringen, so weiß auch das Rechtsgefühl im unversehrten Zustande regelmäßig nicht, was es ist und in sich birgt, aber die Rechtsverletzung ist die peinliche Frage, die es zum Sprechen nötigt und die Wahrheit an den Tag und die Kraft zum Vorschein bringt. Worin diese Wahrheit bestehe, habe ich früher bereits angegeben –, das Recht ist die moralische Lebensbedingung der Person, die Behauptung desselben ihre eigene moralische Selbsterhaltung.

Die Gewalt, mit der das Rechtsgefühl gegen eine ihm widerfahrene Verletzung tatsächlich reagiert, ist der Prüfstein seiner Gesundheit. Der Grad des Schmerzes, den es empfindet, verkündet ihm, welchen Wert es auf das bedrohte Gut legt. Aber den Schmerz empfinden, ohne die darin liegende Mahnung zur Abwehr der Gefahr zu beherzigen, ihn geduldig ertragen, ohne sich zu wehren, ist eine Verleugnung des Rechtsgefühls, entschuldbar vielleicht im einzelnen Fall durch die Umstände, aber auf die Dauer nicht möglich ohne die nachteiligsten Folgen für das Rechtsgefühl selber. Denn das Wesen des letzteren ist die Tat – wo es der Tat entbehren muß, verkümmert es und stumpft sich nach und nach völlig ab, bis es zuletzt den Schmerz kaum noch empfindet. Reizbarkeit, d. h. Fähigkeit, den Schmerz der Rechtskränkung zu empfinden, und Tatkraft, d. h.

der Mut und die Entschlossenheit, den Angriff zurückzuweisen, sind in meinen Augen die zwei Kriterien des gesunden Rechtsgefühls.

Rudolf von Ihering, Recht und Sitte, Albert-Langen-Verlag, München, o. J. S. 36/37

2.3

GÜNTHER PATZIG

Rechtsnormen

Moralische Regeln und Rechtsregeln beziehen sich beide auf menschliches Verhalten. Das ist ihr gemeinsamer Boden. Aber sie beziehen sich auf dies Verhalten in verschiedener Weise: Rechtsregeln werden zu bestimmter Zeit in einer konkreten Gesellschaft erlassen, Rechtssatzungen sind etwas Positives und Dokumentierbares. Über die Interpretation eines Rechtssatzes und seine Anwendung auf einen vorliegenden Fall kann man wohl streiten. Darüber, ob es einen solchen Rechtssatz gibt oder nicht gibt, ist eigentlich kein Streit möglich. Die Positivität der Rechtsnormen kommt auch darin zum Ausdruck, daß Normen von einem bestimmten Tag an in Kraft treten, andere Normen mit Wirkung eines bestimmten Tages abgeschafft werden können. Vom 1. September 1939 an war es in Deutschland ein Verbrechen, feindliche Sender abzuhören. Eine entsprechende Terminierung wäre bei moralischen Regeln unsinnig. Man kann nicht sinnvoll sagen, von einem bestimmten Tag an sei es moralisch verwerflich, Kinder durch Schläge zu bestrafen, oder moralisch erlaubt sich das Leben zu nehmen.
Rechtsnormen sind einklagbar und erzwingbar; bei moralischen Regeln können als Sanktion nur Ermahnung, Mißbilligung und schließlich Abbruch des Umgangs auftreten. Eine Rechtsnorm, die fast jeder übertritt, ist ausgehöhlt und kann aufgegeben werden. Dagegen bleiben moralische Regeln auch dann in Kraft, wenn sie generell mißachtet werden. Wenn die christliche Forderung „Liebe deinen Nächsten wie dich selbst" eine brechtigte moralische Forderung ist, so bleibt sie bestehen, auch wenn nur wenige Menschen immer und viele Menschen überhaupt nicht nach ihr leben können oder wollen. Ein weiterer Unterschied zwischen Rechtsregel und moralischer Norm liegt darin, daß Rechtsregeln sich vor allem auf das *äußere Verhalten* der Menschen beziehen und keine Gesinnung vorschreiben . . .
Die Post- und Fernmeldebestimmungen bedrohen z. B. das Betreiben eines privaten Senders ohne Erlaubnis oder die gewerbsmäßige Beförderung von Briefen außerhalb des Postweges mit Strafe. Auch bei Einwilligung aller betroffenen Personen ist das Eingehen einer zweiten Ehe bei Fortbestand der früheren Ehe strafbar. Verkehrsregelungen und Geschwindigkeitsbegrenzungen haben oft keine sichtbare Beziehung auf die moralische Forderung der Gefahrenvermeidung. Trotzdem wird mit Recht bestraft, wer solche Vorschriften nicht einhält. Das politische Strafrecht, eine notwendige Maßnahme des Staates zu seiner eigenen Sicherung kennt Straftatbestände, die keine moralische Verurteilung der

unter Strafe gestellten Handlungsweise nahelegen. Trotzdem wird auch der sogenannte Überzeugungstäter, und mit Recht, bestraft.

Günther Patzig: Moral und Recht. In: Ethik ohne Metaphysik, Vandenhoeck und Ruprecht (Kl. Vand. Reihe 326 S), Göttingen 1971, S. 11 u. 14

2.4

GUSTAV RADBRUCH

Recht und Sittlichkeit

Jeder Grundtätigkeit der Menschenseele gilt eine besondere Art von Sollensgesetzen: von den Gesetzen der richtigen, wahren, wissenschaftlichen Art des Denkens handelt die Logik, von der rechten Weise, Kunst und Schönheit fühlend zu erleben, die Ästhetik, das ethische Sollen aber, das unserem Wollen und Handeln sein Gesetz vorschreibt, ist sogar dreifacher Art: die Richtlinien guten, geziemenden, gerechten Handelns liefern die Sittlichkeit, die Sitte und schließlich das Recht. Unter ihnen steht geschichtlich an erster Stelle die Sitte, von ihr haben sich erst später das Recht und schließlich die Sittlichkeit losgelöst. Dieser historischen Reihenfolge entspricht eine wachsende Kühnheit gegenüber der Tatsächlichkeit des Geschehens, ein immer zunehmender Spannungsgrad zwischen Ideal und Wirklichkeit. Die Sittenvorschrift trägt noch durchaus die Züge dieser Wirklichkeit: das, was bisher immer geschehen, was Herkommen ist, soll auch künftig geschehen, gebietet sie, und das, was alle tun, was Brauch ist, sollst auch du tun; sie huldigt dem Ewig-gestrigen, der Durchschnittsmensch ist ihr Idealmensch, und das Normale wird ihr zum Normativen. Deshalb finden die beiden anderen, von der Ehrfurcht vor der Gegebenheit freieren Gesetzesarten unter den Sitten so viele als unrechtmäßig oder unsittlich, als „Unsitten" zu tadeln. In seiner ursprünglichen Gestalt entfernt sich freilich auch der Rechtssatz von der Tatsächlichkeit nicht weiter als die Sittenvorschrift: auch das Gewohnheitsrecht erhebt das Regelmäßige zum Rechtmäßigen. Aber neben die Gewohnheit tritt als zweite, jüngere Rechtsquelle das Gesetz, aus ihm spricht nicht das Herkommen, sondern menschlicher Wille, dem es freisteht, das Herkommen zu billigen oder aber auch zu verwerfen, und so beginnt sich im Rechtsgesetz das Sollen allererst aus der Knechtschaft der Gegebenheit zu befreien. Beginnt: denn kann der Gesetzgeber auch seinen Forderungen jeden Inhalt geben, der ihm beliebt – rechtliche Geltung kann er ihnen nur verschaffen, wenn er die Tatsächlichkeit des Volkslebens nicht gar zu weit hinter sich läßt. Sonst würde das Volksleben ihm die Gefolgschaft versagen; ein Gesetz „gilt" aber nur dann, wenn es in der überwiegenden Mehrzahl seiner Anwendungsfälle auf tatsächliche Befolgung rechnen kann. Denn es ist dem Rechte wesentlich, nicht nur ein Wollen und Sollen, sondern eine wirklich wirkende Macht im Volksleben zu sein. Bei aller Fähigkeit, im einzelnen Neuerungen zu treffen, wird daher im großen und ganzen das Gesetz doch immer nur die Vorschriften besiegeln können, welche ohne sein Zutun die Sitte im Anschluß an die Tatsächlichkeit des

Volkslebens entwickelt hat, wird es, mit dem Worte der marxistischen Lehre, immer nur den „Überbau“ der sozialen Gegebenheit bilden. Aber auch diese soziologische Geltungslehre, die auf die Anerkennung abstellt, ist nicht das Letzte. Im tiefsten kann das Recht weder auf Macht oder Anerkennung, sondern nur auf ein höheres oder höchstes Sollen gestützt werden, auf einen überpositiven Wert. Dem Gedanken, daß dem positiven Recht auch durch die Rechtsidee die Geltung entzogen werden könne, hat man lange merkwürdig zähen Widerstand geleistet. Es wäre aber unbegreiflich, wenn eine empirische Tatsache wie das Gesetz durch eine prästabilierte Harmonie so sehr mit dem Rechtswert in Einklang stehen würde, daß sich daraus eine ausnahmslose Geltung, ein ausnahmsloses Sollen ergäbe. Rechtssicherheit ist, wie noch zu zeigen, nur ein Wert neben anderen Werten. Die durch das positive Recht gewährleistete Rechtssicherheit eines ungerechten Gesetzes verliert diesen Wert, wenn die in ihm enthaltene Ungerechtigkeit ein solches Maß annimmt, daß demgegenüber die durch positives Recht gewährleistete Rechtssicherheit nicht ins Gewicht fällt. Wenn sich also in der Regel der Fälle die Geltung positiven Rechts durch die Rechtssicherheit rechtfertigen läßt, so bleibt in gewissen Ausnahmefällen horrend ungerechter Gesetze die Möglichkeit, solchen Gesetzen ihrer Ungerechtigkeit wegen die Geltung abzusprechen. So gelangt man von einer nur soziologischen zu einer philosophischen Geltungstheorie.

Erst im Gebiete der Sittlichkeit macht sich das Sollen von der Wirklichkeit vollkommen unabhängig: das Gebot „Darum sollt ihr vollkommen sein, gleichwie euer Vater im Himmel vollkommen ist“! „gilt“ für die christliche Ethik, obgleich es noch von keinem Menschen erfüllt wurde. Es genügt, daß es als, sei es auch unerfüllbare, Pflicht im christlichen Gewissen lebt. Und auch noch über diese Grundlage in der Welt der Wirklichkeit, auch über die seelische Tatsächlichkeit des Gewissens und damit über den letzten Erdenrest erhebt sich die Sittlichkeit. Wenn wir den „Gewissenlosen“ nicht schon darum auch jeder sittlichen Pflicht lossprechen, wenn wir „irrendem Gewissen“ die wahre sittliche Pflicht gegenüberstellen, so anerkennen wir, daß Sittlichkeit „gilt“ ohne Rücksicht darauf, ob sie in irgendeines Menschen Gewissen getreten ist, selbst dann gelten würde, wenn sie, niemandem bekannt, in den Sternen geschrieben stünde. Der „Moral“, wie sie, wenn auch nicht im Handeln, so doch im Gewissen der Menschen tatsächlich lebt, tritt, ohne jede Sütze freischwebend über der Welt der Tatsachen, das „Sittengesetz“ gegenüber. Wohl mag seine Bewußtwerdung von der Tatsächlichkeit geschichtlich-gesellschaftlicher Verhältnisse abhängig sein, in seinem Geltungsanspruch aber löst sich das Sittengesetz von jeglicher Bedingtheit durch die Tatsächlichkeit los. Das gleiche Verhältnis wiederholt sich aber auch auf den anderen Gebieten des Sollens: die Wahrheit gilt, auch wenn sie von der Wissenschaft noch nicht anerkannt, ja selbst, wenn sie in die Schleier ewiger Unerkennbarkeit gehüllt wäre, und dem Ideal der Schönheit tut es keinen Abbruch, daß jegliche Kunst nur ein unscharfer Abdruck ihres Siegels in grobem irdischem Stoffe ist.

Bedeutet also das Sittengesetz ein reines, der Welt der Tatsachen völlig entrücktes Sollen, so sind Sitte, Recht, Moral eingebettet in die Tatsächlichkeit; sie sind ein Wollen, freilich ein Wollen, dessen Absicht es ist, ein Sollen zu begründen. Sittlichkeit ist schlechthin gesollt, Sitte, Recht und Moral sind gesollt nur, weil sie gewollt sind – gewollt von der Gesellschaft, vom Staate, vom Gewissen. Wir stellen den Naturgesetzen jene Gesetze des reinen Sollens als Idealgesetze, diese Gesetze eines gewollten Sollens aber als Kulturgesetze gegenüber – denn, was wir vom Ideal in unser Wollen, Wissen und Fühlen aufgenommen haben, Sitte, Recht und Moral und ferner Wissenschaft, Kunst und (hier nicht erschöpfbar:) Religion, bildet unsere Kultur, dies Zwischenreich zwischen Staub und Sternen, das Reich des menschlichen Strebens und Schaffens zwischen dem Naturreich des Seins und dem Idealreich des Sehnens; zwischen der unschuldvollen Ruhe der Natur und der erhabenen Ruhe des Ideals die schuld-, sehnsuchts- und unruhevolle und wieder hoffnungs- und glaubensvolle Welt unseres Kämpfens und Wirkens. So hätten wir also das Recht als Kulturerscheinung erkannt, als Menschenwerk, teilhaft der Erdenschwere, teilhaft aber auch des Auftriebs zur Höhe.

Gustav Radbruch: Einführung in die Rechtswissenschaft, 10. durchgearbeitete Auflage nach dem Tode des Verfassers besorgt von Konrad Zweigert. K. F. Koehler Verlag, Suttgart 1961, S. 106 ff.

2.5

ERNST BLOCH

Das sogenannte Rechtsgefühl

Wer verloren hat, will das nicht wahrhaben. Zwar wußte der Kläger oder Beklagte zuweilen schon vorher, daß er unrecht hatte. Aber man ließ es darauf ankommen, kein gerichtlicher Ausgang ist sicher. Man weiß nie, wie der Zufall spielt, und die Schlauheit kann ihn lenken. Aber auch der übliche Gauner glaubt nachher, wenn er verloren hat, daß das Urteil ungerecht war. Erst recht der von vornherein von sich und seiner Sache Überzeugte. Er fühlt sich vergewaltigt, inwendig hält er seine Ansprüche aufrecht. Wäre das bloß deshalb, weil gegen ihn entschieden wurde, dann wäre die Unzufriedenheit so selbstverständlich wie langweilig. Aber gerade was die Nicht-Gauner, als die bloß wirtschaftlich Schwächeren und die machtmäßig Übervorteilten angeht, so fühlen diese seit alters fast sprichwörtliches Mißtrauen gegen das Gericht. Eben deshalb, weil sie im Schatten leben und nichts Gutes von denen gewohnt sind, die ihn auf sie werfen. Auch das Recht ist nicht für, sondern gegen sie gebaut. Und der Hund, der den Knochen verdient, bekommt ihn nicht.

Leicht scheint zu finden, was hier richtig wäre. Nämlich daß der Hund den Knochen doch bekommt und dergleichen mehr. Zuweilen auch klopft der Herr, der ihn verweigert hat und ihn nun ausnahmsweise nachliefern muß, auf seine Brust und glaubt dann selbst, nolens volens, die Stimme des beleidigten Rechts zu vernehmen. Im Herzen wohnt derart ein sehr gemischtes Gefühl, das sogenannte Rechtsgefühl. Selbst bei einem und demselben Menschen zeigt es sich oft aus den verschiedensten Regungen zusammengesetzt. Von vornherein ist es unklar, es legt vor allem in seinem kleinbürgerlichen Gebrauch gar kein Gewicht darauf, klar zu sein. Hat man doch sogar bei Tieren so etwas Merkwürdiges wie einen juristischen Instinkt wahrnehmen wollen. Allerdings nur im Sinn der Rache, der vergoltenen Schädigung. So will man an höheren Tieren beobachtet haben, daß, wenn nicht sofortige Notwehr erfolgt, die Antwort auf einen späteren, besser geeigneten Zeitpunkt verschoben wird. Es gibt sogar ein morgenländisches Märchen über einen Elefanten, der den Schneider, der ihn mit Nadelstichen gequält hatte, mehrere Tage danach mit Wasser besprengte. Noch mehr ist das angebliche Staatsgefühl bekannt, das man gleichsam als insektenhaftes Staatsrecht in Bienen und Ameisen hineingedeutet hat. Doch ist damit wieder fürs menschliche Gefühl nicht viel anzufangen; denn dieses zeichnet sich ja als juristisches dadurch aus, daß es einzelgängerisch ist. Oder tritt es vor die Tür, auf die Straße, dann dazu, um gerade im Staat nach dem Rechten zu sehen. Wenn es aber wirklich nach dem Rechten sieht, also die Sache der Unterdrückten und nicht des eigenen egoistischen Raunzens betrifft, kann das Rechtsgefühl ohnehin nicht auf Tiersitte zurückgehen. Es müßte sich keines Bienenstocks, sondern jener *menschlichen* Urzeit erinnern, wo überhaupt das Mein und Dein, vor der Arbeitsteilung, sich selber nicht erschienen waren. Doch dann wieder wäre das Rechtsgefühl für das Mein seines Trägers nicht so empfindlich, für das Dein des Nebenmenschen nicht so harthörig; wie das meist doch der Fall . . . Bei dem, was der Nazi die Frechheit hatte, Volk zu nennen und seinen gesunden Sinn, trieben sich, weit davon entfernt, goldene Urzeit zu sein, die rohesten und schäbigsten Vorurteile des neueren Mittelstandes um. Die Taten dieses Bluts wurden einzig Bluttaten, die Stimme dieser Naturen war einzig die von Mördern. Der Nazi berief sich ebenfalls auf Rechtsgefühl, das Lynchgericht tut dergleichen schon längst. Wenn die weißen Machthaber und Babbitts der amerikanischen Südstaaten ihren Drang nach Gerechtigkeit spüren, beginnen alle Neger mit Grund zu zittern.

Anders wird die Sache erst, sobald das Gefühl beginnt, über sich nachzudenken. Sobald es auch nur insoweit scharf wird, daß es nach angeborenen Rechten frage und sie vom erworbenen Unrecht, von der Satzung überhaupt, unterscheidet. Daß etwa ein Eigentum, von dem kein Gebrauch gemacht wird, ein herrenloses sei und der Bedürftige sich seiner bemächtigen könne, darin geht das Rechtsgefühl nicht ganz irre. Noch weniger im Urteil, daß ein Eigentümer, der Kaffee, Weizen, Baumwolle vernichtet, um die Preise hochzuhalten, selber als Eigentümer vernichtet werden müsse. Doch auch um *solches* Rechtsgefühl durchzuhalten, muß es erst mit Begriff versehen werden. Das beschränkt sich dann nicht nur auf Schöffen, gegebenenfalls Geschworene, auf die Entscheidungen der Gerichte und ihre Einzelfälle. Man hat gesagt, es ließe sich förmlich hören, ob ein Tatbestand und seine rechtliche Folge zusammenklingen oder nicht. Ob ein richterlicher Entscheid künstlich sei oder sich gleichsam zwanglos, natürlich ergebe.

Ernst Bloch: „Naturrecht und menschliche Würde." Suhrk. Verl. Fr. a. M. 1961, S. 16–19

3. Der Vorrang der Grundrechte

3.1 Artikel 1 + 19 des Grundgesetzes

Artikel 1 (Menschenwürde, Grundrechte)

(1) Die Würde des Menschen ist unantastbar. Sie zu achten und zu schützen ist Verpflichtung aller staatlichen Gewalt.
(2) Das Deutsche Volk bekennt sich darum zu unverletzlichen und unveräußerlichen Menschenrechten als Grundlage jeder menschlichen Gemeinschaft, des Friedens und der Gerechtigkeit in der Welt.
(3) Die nachfolgenden Grundrechte binden Gesetzgebung, vollziehende Gewalt und Rechtsprechung als unmittelbar geltendes Recht.

Artikel 19 (Einschränkung von Grundrechten)

(1) Soweit nach diesem Grundgesetz ein Grundrecht durch Gesetz oder auf Grund eines Gesetzes eingeschränkt werden kann, muß das Gesetz allgemein und nicht nur für den Einzelfall gelten. Außerdem muß das Gesetz das Grundrecht unter Angabe des Artikels nennen.
(2) In keinem Fall darf ein Grundrecht in seinem Wesensgehalt angetastet werden.
(3) Die Grundrechte gelten auch für inländische juristische Personen, soweit sie ihrem Wesen nach auf diese anwendbar sind.
(4) Wird jemand durch die öffentliche Gewalt in seinen Rechten verletzt, so steht ihm der Rechtsweg offen. Soweit eine andere Zuständigkeit nicht begründet ist, ist der ordentliche Rechtsweg gegeben. Artikel 10 Abs. 2 Satz 2 bleibt unberührt.

3.2

EDMUND WOLF

Jahre der Folter

Hugh Lewin gestand alles; Pericles Korovessis gestand nichts. Kaum faßlich, wie einer so extreme und so lang ausgedehnte Foltern ertragen kann, wie er sie ertrug, ohne alles zu sagen, was er weiß. Er jedoch besteht darauf: „Es bleibt eine entsetzliche Erinnerung – aber ich bin nicht zusammengebrochen, sie haben mir meine Persönlichkeit nicht genommen, und so war ich doch der Sieger."
Hugh Lewin war kein Sieger . . .
Hugh hatte eine Public School und Universitätsstudium hinter sich; er brauchte nur nach dem Leben zu greifen, das Südafrika weißen Menschen seiner Klasse und Erziehung bietet. Statt dessen begann er, für das schwarze Magazin *Drum* zu schreiben und wurde später Redakteur bei der liberalen Johannesburger

Zeitung *Post.* Schließlich wurde er von einem Mädchen namens Dianae angeworben, der Aktionsgruppe NCL beizutreten, die durch Sabotageakte, Sprengung von Hochspannungsmasten und dergleichen demonstrieren wollte, daß es eine Opposition in Südafrika gibt . . . Er erinnert sich an den Rat eines Schwarzen aus der Zeit seiner Freiheit: „Wenn du von der Polizei geschlagen oder gefoltert wirst – schrei, schrei, so laut du kannst! Das freut die Polizei und sie hören vielleicht früher auf."
Zwei Detektive . . . holten ihn im Redaktionsbüro ab . . .
Die Detektive brachten ihn ins Polizeigebäude in Johannesburg („the Greys"), in ein Zimmer im vierten Stock. Sie stellten ihn vor einen Stahlschrank, zeichneten mit Kreide einen engen Zirkel um seine Füße, und da stand er neunzehn Stunden lang, ohne zu essen, ohne zu trinken.
Am 24. Juli wurde er von denselben zwei Detektiven aus seiner Zelle geholt, aber in einer ganz anderen Stimmung. Sie fuhren mit ihm zum Bahnhof, schleppten ihn mit Polizeigriff hinein, er sah, daß der Eingang beschädigt war, verbogene Drähte, Glasscherben. „Das war eine eurer Bomben. Vierzehn sind umgekommen." Lewin konnte es nicht glauben, nicht fassen. NCL hatte nie etwas gegen Menschenleben unternommen. „Heute wirst du reden. Keine Witze heute. Heute werden wir dich totschlagen. Heute bist du tot." Wieder stand er in demselben Raum im vierten Stock des Polizeigebäudes, vor demselben Stahlschrank. Van der Merde riß ihm die Gläser von den Augen und begann sofort, auf ihn loszudreschen. „. . . mit beiden Fäusten auf meine Ohren, Augen, und keuchte dabei durch seine geschlossenen Zähne . . . Er schlug auf mich ein, ich schrie und flehte. Ich lag auf dem Boden in der rechten Ecke des Zimmers, van der Merde trat mich mit den Füßen, bis ich wieder vor dem Stahlschrank stand, seine Fäuste schwingen immer weiter, Viktor steht neben ihm, schaut zu . . . ich sah ihn doppelt, die schwingenden Fäuste doppelt, wie durch einen langen Tunnel, und ich schrie und schrie . . . und am Ende nannte ich einen Namen, den ich bis dahin zurückgehalten hatte . . . ich dachte, jetzt spürt die Polizei alles auf, ich nenne den Namen nur, um ihnen klarzumachen, daß John bestimmt für die Tat nicht verantwortlich sein kann, ich nenn' den Namen nur, um ihn zu schützen . . ."
Pericles Korovessis war Student in Athen (wo seine Eltern noch leben) und arbeitete für ein kleines experimentelles Theater in einem proletarischen Bezirk. Als „die Obersten" Griechenland übernahmen, verfaßte und verteilte er, als Mitglied der „Patriotischen Front", Propagandamaterial gegen das Regime. Die „Patriotische Front" war, damals jedenfalls, nicht rein kommunistisch. Er beteiligte sich nie an gewalttätigen Unternehmen. (Sonst hätte ihn *Amnesty International* nicht betreut; Hugh Lewin, der sich nicht gewaltlos verhalten hatte, wurde von *Amnesty International* nicht betreut.) Eines Nachts um drei Uhr erschienen sechs Detektive bei ihm, Inspektor Spanos und fünf andere „Hafiés" (türkisch-griechisch für Bulle, „flic", „cop"). Korovessis wurde in das Polizeigebäude Asphalia in der Bouboulinasstraße gebracht –, (damals in aller Welt berüchtigt, seither demoliert; dies bedeutet aber nicht, wie Korovessis meint, daß es jetzt besser geworden sei, im Gegenteil: „Als ich aufgegriffen wurde, waren

die Foltermethoden gewissermaßen noch handgestrickt, jetzt gibt es ein internationales Spezialistentum.“)
Zuerst erklärte ihm Inspektor Spanos, wer hier kooperiere, dem ergehe es in der Asphalia wie im Paradies, wer nicht kooperiere, dem gehe es „wie in Dachau“. Als ihm Korovessis nicht genügend kooperativ schien, drosch er auf ihn ein. Korovessis war naiv genug, im Namen der Menschenrechte zu protestierten – „. . . ich konnte kaum sprechen, mein Mund war voll Blut.“ Darauf sagte Spanos: „Es gibt zwei Arten von Polizei-Einvernahmen, eine zivilisierte und eine wissenschaftliche.“ „Wie ist die zivilisierte?“ fragte Korovessis. „Das war die zivilisierte“, antwortete Spanos, „die wissenschaftliche erlebst du bald.“ Er wurde in den sechsten Stock hinaufgebracht. Auf der Dachterrasse befand sich ein großer Raum, der einst eine Wäscherei gewesen war, und in den Folterjahren der Asphalia noch immer „die Wäscherei“ hieß. Da stand eine Bank – „blankgescheuert von denen, die auf ihr gelitten hatten, der bloße Anblick war wie Tod . . .“ Er wurde festgeschnallt, und es begann die Falanga mit einem Holzstock, die Bastonade. Korovessis blutete am ganzen Körper, aber er redete nicht.
Von der Asphalia brachten sie ihn in die psychopathologische Abteilung des Militärkrankenhauses 401. Da erst lernte er wahrhaft wissenschaftliche Folter kennen. Im Ordinationsraum des Chefarztes, Oberst Karagounakis, wurde er auf eine Kunststoff-Couch geschnallt, neben der sich eine Instrumententafel befand. „Ein Mann, ein Krankenpfleger, legte hinter meinen Nacken ein Gummikissen voll Wasser. Ärzte in weißen Kitteln traten heran. Einer untersuchte mein Herz, und sagte, es sei in Ordnung. Sie schalteten die Maschine ein. Sie steckten Elektroden hinter meine Ohren, einmal hinter das eine Ohr, dann hinter das andere.“ Er verlor erst das Bewußtsein, als die Maschine abgestellt wurde. Er blieb mindestens zwei Woche in dem Spital und weiß nicht, wie oft er der Elektroschockfolter unterworfen wurde.
Pericles Korovessis verbrachte sechs Monate in den Händen der Polizei und der Militärbehörden. Er wurde nie unter Anklage gestellt. Schließlich wurde er mit der Auflage freigelassen, sich zweimal wöchentlich bei der Polizei zu melden. Aber nach einiger Zeit kamen die „Hafiés“ wieder zu ihm, durchstöberten wieder seine Wohnung, seine Bücher, und er beschloß daraufhin, ohne Papiere über die Grenze zu gehen.
Der dritte Fall an der Spitze von „Report on Torture“ ist der des Russen Waldimir Lwowitsch Gerschuni, 43 Jahre alt. Er wurde am 17. Oktober 1969 verhaftet, in dem berüchtigten Serbsky-Institut für psychiatrische Untersuchung und Diagnose in Moskau für geistesgestört erklärt, dann ins Butyrka-Gefängnis überstellt und schließlich unter Artikel 190–191 wegen „Verbreitung bewußter Verleumdungen zur Herabsetzung des gesellschaftlichen und politischen Sowjetsystems“ angeklagt; da er als geistesgestört galt, durfte er seinem eigenen Prozeß nicht beiwohnen. Das Gericht schickte ihn in das psychiatrische Krankenhaus „für besondere Fälle“ in Oryol, 250 Kilometer südlich von Moskau – ein als Krankenhaus getarntes Gefängnis. Gerschuni, dessen Verbrechen darin bestand, für eine Aktionsgruppe zur Verteidigung der Menschenrechte Appelle an die UNO und andere Flugblätter verfaßt zu haben, begann am 31. Januar 1971 einen

Hungerstreik, den er 55 Tage durchhielt. Er wurde künstlich ernährt und erhielt Aminazin-Injektionen in großen Dosierungen . . .
Es ist klar, daß die Schwierigkeit, an Informationen und Beweise heranzukommen, „gerade in jenen Ländern am größten ist, in denen Verstöße gegen Menschenrechte im allgemeinen und Freiheit zur Folterung im besonderen am ehesten zu erwarten sind." Aber auch aus diesen Ländern dringt die Wahrheit in die Welt. Erdrückendes Beweismaterial liegt über die Verhältnisse in Arbeitslagern und besonders in psychiatrischen Krankenhäusern im Rahmen der Gefängnisverwaltung der Sowjetunion vor. Informationen, die durch gegenseitigen Vergleich auf ihre Glaubwürdigkeit geprüft werden, stammen aus den verschiedensten Quellen; die wichtigste Quelle war die Samisdat-Veröffentlichung „Chronik aktueller Ereignisse", die von 1968 bis 1972 zweimal monatlich erschien.
In diesen Anstalten befinden sich die politischen Gefangenen entweder in Einzelhaft oder zusammen mit echten Geisteskranken in überfüllten Räumen, immer wieder gedemütigt, häufig geschlagen, vor allem aber einer Behandlung durch Drogen ausgesetzt, die nach allgemeiner Aussage als schlimmste der Foltern empfunden wird. Den „Patienten" wird immer wieder versichert, daß sie ihren politischen Überzeugungen abschwören müssen, wenn sie als kuriert gelten wollen . . .
Der wachsende Gebrauch der Tortur erwächst aus der wachsenden Vorstellung einer inneren Kriegführung, und er wird dementsprechend weniger von Polizei- als von Militärorganen praktiziert; was rechtlich überall unzulässig ist, wird als militärische Ausnahmemethode gerechtfertigt.
Selbstverständlich erfolgt die Entwicklung zum Teil als Antwort auf politischen Terrorismus, wobei sie die Mittel des politischen Terrorismus nur mit grausamer Tragik bestätigt. Unmenschlichkeit gebiert Unmenschlichkeit, und es kann weder eine Verteilung von Preisen für größere oder geringere Unmenschlichkeit geben, noch die Feststellung der ersten bösen Tat, welche „fortzeugend Böses muß gebären". Die Folterung von Menschen wird bereits als so normal empfunden, daß 1972 bei einer NATO-Übung sechs belgische Fallschirmjäger eine „feindliche" Einheit, die aus zwei belgischen Leutnants und zwei Sergeanten bestand, prompt folterte, um Informationen zu erpressen.
Wird es so weitergehen? Pericles Korovessis schrieb einen Bericht über seine Erlebnisse als Gefangener in Griechenland – und in einem kurzen Nachwort den Satz: „Dies wäre nie geschrieben worden ohne die friedliebenden und anständigen Menschen, die durch ihr Schweigen und ihre Gleichgültigkeit zur Fortsetzung und Ausbreitung der Folterungen beitragen."

Süddeutsche Zeitung, Samstag/Sonntag, 2./3. März 1974

4. Spannung zwischen positivem Recht und Gerechtigkeitsanspruch

4.0.1

HANS RYFFEL

Recht in Theorie und Praxis

Besonders folgenreich ist der Charakter der Rechtsnorm als Anmaßung von Richtigem im Bereich des überkommenen Strafrechts. Dieses steht heute in einem Prozeß der Neuorientierung, der in der Problematik des Richtigen wurzelt, obwohl dies nicht immer voll bewußt wird.

Im Rahmen absoluter vorgegebener Ordnungen ist die Strafe Sühne und Vergeltung für einen Verstoß gegen die Ordnung. Der Richter ist hier Statthalter der absoluten Ordnung und im Fall einer göttlichen Schöpfungsordnung gar Statthalter Gottes. Verabsolutiert das archaische Racherecht die Aktualität, indem die isolierte aktuelle Tat durch die aktuelle Gegentat der Rache ein für allemal ausgetilgt werden soll, so setzt Sühnespruch die im Lauf der Entwicklung aus der Aktualität herausgehobene Ordnung absolut. So wie die Rache als das absolute Recht das absolute Unrecht der Tat tilgt, so sühnt im Rahmen der vorgegebenen absoluten Ordnung die fraglos gerechte Strafe die fraglos ungerechte Tat. Auf einer verschiedenen Stufe der menschheitlichen Entwicklung besteht so beiderorts strukturelle Gleichheit. Das Ungerechte soll gerecht gemacht werden, indem es gerächt oder gesühnt wird. Der strafende Gott und sein irdischer Stellvertreter sind die Nachfahren der rachsüchtigen Götter und der rächenden Sippe.

Schwinden aber vorgegebene Ordnungen und wird das Absolute in der erörterten Weise problematisch, so entfällt die Grundlage des Sühnestrafrechts. Die Urteile über Straftaten können die früher selbstverständliche unkontroverse Richtigkeit nicht mehr für sich beanspruchen. Deshalb verliert auch die Todesstrafe ihren Boden, diese ungeheure Anmaßung von Menschen, aus vermeintlicher Einsicht in absolut Richtiges über Leben und Tod von Mitmenschen zu befinden. Die Todesstrafe kann nur im Rahmen vorgegebener absoluter Ordnungen vertreten werden, ob dies den Verfechtern und Vollstreckern der Todesstrafe bewußt ist oder nicht. Mit der Todesstrafe wird der Mensch einer Verabsolutierung von Richtigem geopfert, sei dieses ein überkommenes absolut Vorgegebenes oder ein mehr oder weniger reflektiert oder selbst völlig unreflektiert als absolut Gesetztes. Auch die Verhängung der Todesstrafe für politische Vergehen beruht auf der Verabsolutierung der jeweiligen Ordnung, mag dieser auch, etwa als Obersten-Junta, die ehrwürdige Patina der metaphysisch-theologischen Ordnungen abgehen. Dem Leben eines Mitmenschen wird hier wie dort im vermeintlichen Bewußtsein absoluter Richtigkeit ein Ende gesetzt.

Ein der Absicht nach wahrhaft richtiges Urteil über die Taten von Menschen muß dem stets irrenden Gewissen des einzelnen oder dem unerforschlichen

Ratschluß Gottes überlassen bleiben. Das bedeutet, daß nie ein Urteil über die Tat als solche und erst recht nicht über den Täter als Person gefällt werden kann, sondern nur über das Verhalten im Rahmen des Rechtsverkehrs. Da weiterhin der einzelne wieder am Rechtsverkehr teilnehmen soll, kommt es darauf an, ihn in diesen wieder einzufügen; was das Sühnestrafrecht nicht eigentlich oder dann in einer abstrakt-utopischen Weise anstrebt und die faktische Ausgestaltung des Strafvollzuges zur Zeit obendrein in aller Regel verhindert. Sollte die Wiedereingliederung in den Rechtsverkehr nicht gelingen, müssen die Rechtsgenossen vor dem Rechtsbrecher geschützt werden; dieser ist in Gewahrsam zu halten, wenn alle anderen Mittel versagen.

Freilich sollte man mit der Neuorientierung des Strafrechts nicht gleich alles über Bord gehen lassen. Selbstverständlich ist es nach wie vor sinnvoll, Strafen vorzusehen. Damit werden die früher erörterten Zusammenhänge zwischen fraglos Richtigem und Richtigem, dessen Verwirklichung nicht die gleiche Gewißheit besitzt, genutzt, was sowohl im Sinne der Spezial- als auch der Generalprävention wirken kann. Dabei hat aber die Strafe nicht nur keinen Sühnecharakter, sondern sie soll auch im Hinblick auf die Wiedereingliederung in die Rechtsgesellschaft ausgestaltet werden, namentlich in denjenigen Fällen, in denen die Präventivwirkung ohnehin nicht ausreicht. Auch wird damit das Strafwesen keineswegs zu einem bloßen Manipulationsmechanismus, wozu namentlich früher die Strafreform tendierte. Denn die Richtigkeit der pönalisierten Norm als solcher wird nicht berührt, nur ihre Dogmatisierung fällt dahin. Aus diesem Grunde kann auch nicht auf die Freiheit verzichtet werden, wie oft angenommen wird. Gerade deterministische Vorstellungen führen bekanntlich nicht selten zur Ablehnung des Sühnestrafrechts. Wie früher dargelegt, besteht aber nicht der geringste Anlaß, grundsätzlich die Freiheit des Willens und der Tat in Frage zu stellen. Ein Strafrecht, das den Rechtsbrecher wiedereingliedern möchte, setzt nicht nur freie Rechtsgenossen voraus, die die Normen frei befolgen, sondern sich auch in Freiheit wieder in die Rechtsgesellschaft einfügen. Die staatlichen Vorkehrungen zur Wiedereingliederung des Rechtsbrechers bestehen im wesentlichen in der Hilfe zur Selbsthilfe. Im Sühnestrafrecht ist zwar die Freiheit des Willens der Rechtsgenossen ontische Voraussetzung für die Schuld, aber im Gewand eines spekulativ verhüllten abstrakten Prinzips. Im wohl verstandenen Strafrecht der Wiedereingliederung in die Rechtsgemeinschaft wird dagegen dieses abstrakte Prinzip konkretisiert; denn der Rechtsbrecher soll mittels der Strafmaßnahmen selbsttätig in die Rechtsgesellschaft zurückfinden, aus der er sich entfernt hat. Er soll wiederum ein fairer Mitspieler werden, was den freien Entschluß und die freie Tat auf seiner Seite voraussetzt. Deshalb braucht er auch nicht bestraft zu werden, wenn er die Rechtsordnung nicht schuldhaft verletzt hat. Denn in diesem Fall hat er sich gar nicht außerhalb der Rechtsgesellschaft gestellt. Schuld setzt aber das Vermögen voraus, sich nach den Rechtsnormen auszurichten. Doch ist es nicht die Schuld, die einer vor seinem Gewissen oder vor Gott haben mag. Darüber urteilt keine Mensch in endgültiger Weise, erst recht kein Richter, dem die Rechtsordnung mit ihren unvermeidlichen Schematisierungen und trotz allen Scharfsinns der Strafrechtsdogmatik die Hände binden

muß, so daß er, gemessen an der alle positive Setzung übersteigenden Richtigkeit auch nicht einen einzigen Straffall richtig zu beurteilen vermag.
Daß Überlegungen, die in diese Richtung zielen, zu einem weitgehenden Umbau des Strafrechts und der Strafrechtspflege, auch zu einer radikalen Änderung der Strafnormen führen müssen, liegt auf der Hand. Doch liegt es außerhalb meiner Kompetenz, diesen Fragen hier nachzugehen. Für die leider vermutlich lange Zeitspanne, in der noch der Fluch unmenschlicher rächender Götter auf uns lastet, wäre zu wünschen, daß sich die Strafrichter in ein neues Denken einüben, soweit ihnen dies noch unvertraut sein sollte. Möchten sie doch dem Rechtsbrecher dazu verhelfen, sich der Rechtsnorm nachträglich freiwillig zu unterwerfen und sie, so sehr sie an jedem konkreten Fall vorbeizielen muß, als eine vertretbare anzuerkennen, als eine Spielregel, auf deren Verletzung die faire Wiedereingliederung in das Rechtsspiel folgen soll.

Hans Ryffel: Grundprobleme der Rechts- und Staatsphilosophie
Philosophische Anthropologie des Politischen, Luchterhand, Neuwied-Berlin 1969, S. 358–61

4.02 Einige statistische Informationen (1973)

Diese Angaben können auf den jeweils neuen Stand gebracht werden, indem die einschlägigen Veröffentlichungen des Statistischen Bundesamtes in Wiesbaden bzw. des Bundeskriminalamtes in Wiesbaden ausgewertet werden. Man erhält diese Veröffentlichungen auf Anfrage kostenlos zu Unterrichtszwecken.

1. Die genannten Statistiken enthalten nur die bekannt gewordenen Fälle. Die Dunkelziffern sind je nach Art des Delikts unterschiedlich anzunehmen: gering bei Gewaltverbrechen – hoch bei Eigentumsdelikten einfacher Art oder bei Wirtschaftskriminalität.

2. 2,5 Mio Straftaten verteilten sich 1973:
   1/3 leichter Diebstahl } davon 42% von und
   1/3 schwerer Diebstahl } aus Kraftfahrzeugen

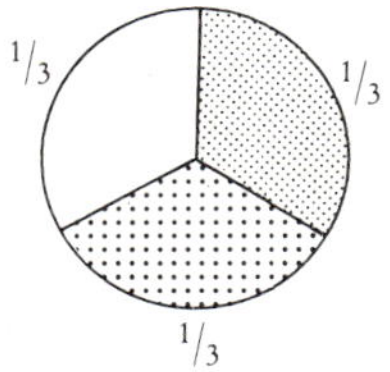

3. Durchschnittliche Schadenshöhe aller Straftaten in %:
   unter 25 DM 15%
   25–100 DM 20%
   100–500 DM 33%

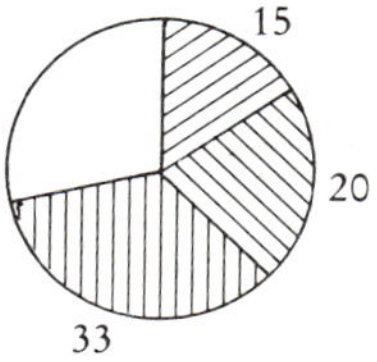

4. Relation: polizeilich bearbeitete Anzeigen – Hafturteile

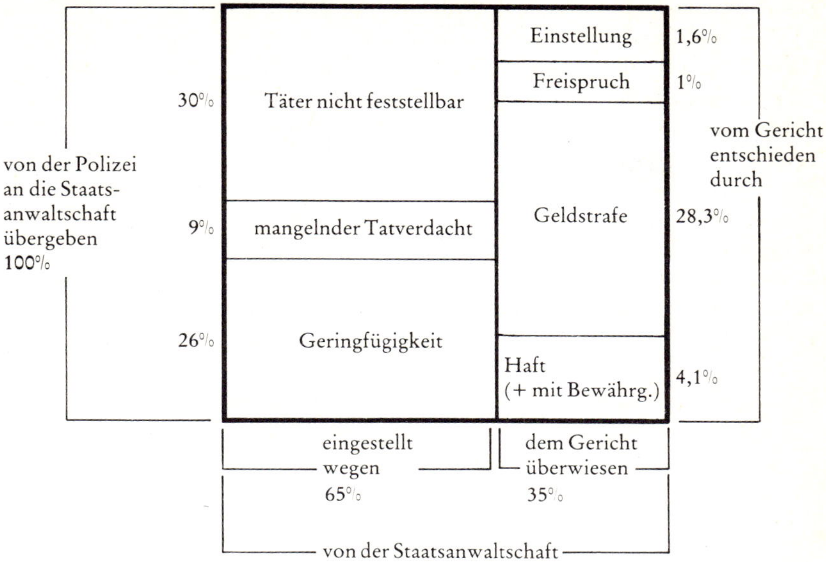

5. Insassen in Strafanstalten 1973:35 000, davon 26 000 vorbestraft.

6. Häufigkeit der Vorstrafen bei Strafgefangenen:

1x	5000	Geldstrafen und Bewährung
2x	4000	
3x	3500	Haft
4x	2700	
5–10x	7700	
11–20x	2500	
über 20x	500	

4.1 Probleme des Strafprozesses

4.1.1

RUDOLF WASSERMANN

Der gerichtliche Prozeß

Vor allem tritt an die Rechtssoziologie die Aufgabe heran, detailliert zu untersuchen, inwiefern im Prozeß Herrschaft ausgeübt wird. Die Krise der Justiz, wie sie in der Gerichtsverhandlung deutlich wird, ist nach verbreiteter Meinung ein Autoritätsproblem. Wie begreift der Richter seine Autorität im Verhandlungssaal? Knüpft er an die Vaterrolle an, an die Rolle des mit ungeteilter Herrschaft ausgestatteten Landes- oder Familienvaters, wie es konservativer Autoritätsauffassung gemäß ist? Verläßt er sich auf überkommenes „Imponiergehabe“? Pocht er auf Amtsautorität? Oder manifestiert er Sachkompetenz und funktionale Autorität, bereit und bestrebt, sie rational auszuweisen?

Eine kritisch-soziologische Richtung, die auch unter Juristen ihre Anhänger hat, wendet sich heute mit großer Schärfe gegen Irrationalismen in der Praktizierung von Autorität. Sie hält es für irreal, die Autorität überhaupt abzuschaffen, will aber nur funktionale oder Sachautorität anerkennen und zielt auf Entlarvung sogenannter Sur-plus-Autorität, jenes Autoritätsüberschusses, der funktional nicht begründet, rational nicht ausgewiesen, gleichwohl aber in vielen Bereichen unserer Gesellschaft praktiziert wird. Inwiefern gibt es eine solche Autoritätsstrapazierung im Gerichtssaal? Geht der Richter auf Unterwerfung aus? Glaubt er, daß er sie desto leichter findet, je strammer er auftritt? Anders ausgedrückt: Was ist in unseren Gerichtssälen an Autoritarismus vorhanden? ...

Für die Praxis bedeutet das, daß das Ritual der Gerichtsverhandlung Stück für Stück dahin abgeklopft werden muß, inwieweit es noch mit den heutigen Anschauungen vereinbar ist. Hier könnten soziologische Untersuchungen, deren weitgespannter Rahmen von der Anrede bis zur Anklagebank reichen müßte, wertvolle Hilfe leisten. Nur einige der Probleme, die die Rechtspraktiker zunehmend beschäftigen, seien genannt:

Müssen die Verfahrensbeteiligten und die Zuschauer aufstehen, wenn das Gericht den Saal betritt, Zeugen vereidigt und das Urteil verkündet? Hat die Robe Symbolwert für die Rechtspflege, dient sie einer notwendigen Verfremdung, oder ist sie nur ein Statussymbol, dessen sich die Juristen bedienen, um sich im Gericht von Nichtjuristen unterscheiden? Haben sich im Jugendgerichtsverfahren Verhandlungsformen herausgebildet, die der allgemeine Strafprozeß übernehmen könnte, je mehr er sich von den alten Gedanken von Sühne und Vergeltung entfernt? Welche Sitzordnung hemmt, welche Saalgestaltung fördert den „funktionalen“ Verhandlungsstil und die vom Grundgesetz geforderte Vermenschlichung der Rechtspflege?

Ist etwa der runde Tisch das Verhandlungsmodell der Zukunft oder bedingt der dialektische Charakter des Prozesses einer Raumgestaltung, die Distanz zwischen den Verfahrensbeteiligten pflegt?

Diese Fragen sind keineswegs untergeordneter Natur. Das Gegenteil bezeugt schon der Eifer, mit dem sie innerhalb wie außerhalb der Justiz diskutiert werden. Formen sind nun einmal mehr als Äußerlichkeiten, nämlich ein Stützkorsett für spezifische Verhaltensweisen. Eben deshalb werden sie mit Erbitterung bekämpft oder verteidigt.

Für die Effizienz der Rechtspflege ist von Bedeutung, wieviel Zeit vom Beginn bis zum Ende eines Prozesses verstreicht. Welche Faktoren hemmen den Ablauf eines Gerichtsverfahrens? Wie bereiten die Anwälte, die Staatsanwälte, die Richter die Verfahren vor, wie führen sie sie? Die Methoden, mit denen bisher versucht worden ist, das Dunkel zu erhellen, halten wissenschaftlicher Nachprüfung nicht stand. Mir scheint deshalb, daß die Soziologie auch hier einen nützlichen Beitrag leisten könnte. Vielleicht ist die Hypothese nicht zu gewagt, daß der

Modus des Prozessierens von Richter zu Richter noch stärker abweicht als die Urteilsfindung. Es überrascht immer wieder, welch unterschiedlicher Gebrauch in den einzelnen Spruchkörpern etwa von der Möglichkeit prozeßleitender Anordnungen nach § 272b ZPO gemacht wird, wie differenziert etwa Scheidungsprozesse bei durchaus sachgleichem Tatbestand verlaufen, in welchen Formen sich Beweisaufnahmen abspielen, je nachdem, welcher Richter zuständig ist. Die richterliche Usance, von der man hier sprechen kann, schöpft den Spielraum aus, den ihr der Gesetzgeber läßt, und zwar, wie es scheint, in betont individueller, aber doch auch sozial bestimmter Weise.

Eine weitere für die Praxis bedeutsame Frage an die Prozeßsoziologie geht dahin, ob die Richter alle Möglichkeiten ausnutzen, um den Streitstoff zu sammeln und die für die Rechtsfindung bedeutsamen Tatsachen festzustellen. Oder entscheiden sie auf mehr oder weniger unvollständiger Informationsbasis? Wenn ja, aus welchen Gründen? Etwa wegen Zeitmangels? Oder erreichen bestimmte Fragen die Richter gar nicht, weil sie für sie nicht empfangsbereit sind? Ein signifikanter Nebenpunkt: Welche Sachverhaltsverzerrungen ergeben sich daraus, daß der Richter oft die Aussagen der von ihm vernommenen Zeugen nicht so ins Verhandlungsprotokoll aufnimmt, wie sie formuliert wurden, sondern sie dem Protokollführer diktiert?

Ein gewichtiges Wort könnte die Soziologie auch zu jener Problematik sagen, deren Heraufkunft schon Max Weber angekündigt hatte: der Entthronung des Richters durch den Sachverständigen. Das derzeitige Verhältnis zwischen Richtern und Sachverständigen ist höchst unbefriedigend. Reicht der Sachverstand der Richterbank aus, die Sachverständigen sachgerecht anzuleiten, ihre Gutachten wirklich zu verstehen und deren Ergebnisse kritisch zu beurteilen? Erkennen andererseits die Sachverständigen ihre begrenzte Funktion richtig? Es wird mit guten Gründen behauptet, daß die Kritikmöglichkeit z. B. bei Arzt- und Bauprozessen auf ein Minimum zusammengeschrumpft ist und die tatsächliche Überzeugungskraft eines Gutachtens mehr vom hohen Berufsstatus des Gutachters als vom Inhalt des Gutachtens selbst abhängt. Bekannt ist der vergebliche Versuch der Justiz, mit raffinierten Wirtschaftsbetrügern gleichzuziehen, ein praktisches Dilemma, das zur Errichtung von Spezialabteilungen bei Staatsanwaltschaften und zur Bildung von umfassenden Wirtschaftsstrafkammern bei Gerichten geführt hat.

Vermag der Allroundrichter, auf den hin bisher ausgebildet wurde, den Anforderungen zu genügen, die die Gegenwart an eine leistungsfähige Justiz stellt? Oder müssen wir auch in der Justiz das Schicksal der Spezialisierung auf uns nehmen, nicht nur in bezug auf Rechtsgebiete, sondern auch für bestimmte Sachprobleme? Wann soll dann die Spezialisierung einsetzen? Wie vermeidet man bei den Richtern die Gefahr der Einseitigkeit und erhält ihnen die geistige Frische? Ich halte im Interesse einer Qualitätssteigerung der Rechtspflege die Spezialisierung für geboten. Sicherer in seiner Beurteilung könnte man indessen sein, wenn soziologische Untersuchungen vorliegen. Indessen genug der Probleme und

Beispiele. All das hier Ausgeführte bitte ich als bewußt knapp gehaltenen Ausschnitt aus einem Fragenkatalog zu verstehen.

Rudolf Wassermann in: Naucke/Trappe: Rechtssoziologie und Rechtspraxis, Neuwied-Berlin, sammlung luchterhand 9, 1970, S. 144–49

4.1.2

GUSTAV RADBRUCH

Problematik des Strafprozesses

Der alte Wahlspruch des Erziehungs- und Sicherungsstrafrechts der Zukunft lautet: „Nicht die Tat, sondern der Täter." Aber schon erhebt sich über dieses alte ein neues Wort: *Nicht der Täter, sondern der Mensch!* Welche Verzerrung erleidet das Bild eines Menschen, wenn er nur als „Täter", nur unter dem zufälligen Aspekt einer einzelnen Tat betrachtet wird! Man darf, ohne sehr paradox zu werden, sagen: es gibt nur die beharrende Totalität eines Menschen, vielmehr: es gibt nur die fließende Totalität seines Lebens, aber es gibt gar nicht seine einzelnen Taten. Das Leben und der Mensch sind so wenig aus einzelnen Handlungen zusammengesetzt wie das Meer aus Wellen. Sie sind Totalitäten, die einzelnen Handlungen ineinander verfließende Bewegungen eines unteilbar Ganzen. Der richtige Gang psychologischer Einsicht geht nicht von der Tat zur Persönlichkeit, sondern von der Persönlichkeit zur Tat. Aber der Strafprozeß – und hier beginnt seine unüberwindliche Fragwürdigkeit – muß unweigerlich den umgekehrten Weg gehen: von der Tat zur Persönlichkeit, und vermag auch ihn kaum je bis zum Ende zu gehen. Neue psychologische Forschungen, Psychoanalyse und Individualpsychologie, haben Abgründe des Unterbewußtseins aufgerissen, haben gezeigt, daß im Reiche der Seele auch das Einfache unendlich verwickelt und das nur ungefähr Richtige gleich ganz falsch ist. Solche Abgründe zu ergründen, ist eine strafprozessuale Hauptverhandlung ihrem gebotenen Umfange und ihrer gesetzlichen Gestaltung nach ganz ungeeignet. Je und je mag die Hauptverhandlung irgendeines Sensationsprozesses diesem Ziele näherkommen, aber es ist ein grober psychologischer Irrtum, zu glauben, irgendein scheinbar durchschnittlicher Rückfalldiebstahl sei leichter verständlich als eine für den ersten Blick ungewöhnliche Mordtat, ein Irrtum, der auf der seichten Ansicht beruht, Gewinnsucht sei eine Erklärung, über welche die psychologische Untersuchung nicht mehr hinauszufragen brauche, eine prima causa seelischen Geschehens, die ihrerseits keiner weiteren Erklärung mehr bedürfe. Vielmehr fängt hinter dem eigennützigen Beweggrunde die *psychologische* Problematik erst an.

Gustav Radbruch; Einführung in die Rechtswissenschaft, 10. durchgearbeitete Auflage nach dem Tode des Verfassers besorgt von Konrad Zweigert, K. F. Koehler Verlag, Stuttgart 1961, S. 106ff.

4.1.3

GERHARD MAUZ

Gerichtsreportage

Von Beruf – „Hampelmann"

Spiegel-Reporter Gerhard Mauz über die Verhandlung der Jugendkammer Bremerhaven gegen Edward Tapper

Er hat acht Menschenleben auf dem Gewissen und betritt den Sitzungssaal im Amtsgericht Bremerhaven so, als verkörpere er die Gewissenlosigkeit. Rechts ist er an den Beamten gekettet, der ihn vorführt, doch den linken Amr reißt er schon in der Türe hoch und schwenkt ihn wie ein Boxer, der in den Ring einzieht.
Edward Tapper, heute 18, hat am 22. August 1970 auf dem auslaufenden Hecktrawler „Vest Recklinghausen", 984 BRT, ein Feuer gelegt, dem acht Menschen zum Opfer fielen. Der Beamte macht Edward Tapper von der Knebelkette los. Edward Tapper läßt sich in die Anklagebank fallen. Er gestikuliert und grimassiert weiter, von den Photographen, für die sein exaltierter Auftritt frisches Futter ist, mit „Bravo" und „Noch einmal genauso" unterstützt. Zuletzt fetzt er ihnen einen Satz hin, der mit „. . . ihr Fotzen" endet.
Das Gericht tritt ein. Alle stehen auf, nur der Angeklagte nicht, der sich in die Ecke der Anklagebank drückt und den Kopf so tief senkt, daß er hinter der Umrandung der Anklagebank verschwindet.
Aus dieser Versenkung heraus schreit Edward Tapper in die Anwesenheitsfeststellungen hinein, mit denen der Vorsitzende beginnt, etwa als es darum geht, ob seine Eltern erschienen sind: „Meine Eltern kommen nicht. Ich hab's ihnen verboten." Aus dieser Versenkung heraus antwortet Edward Tapper auch auf die Fragen, die ihm gestellt werden.
„Von Beruf sind Sie?"
„Hampelmann!"
„Aber bitte, Herr Tapper, Sie haben doch einen Beruf."
„Ich hab' keinen Beruf."
Edward Tapper ist – als Heranwachsender – wegen Brandstiftung mit Todesfolge und fahrlässiger Tötung in acht Fällen angeklagt. Erster Staatsanwalt Herbst, 43, trägt den Anklagesatz vor. Die Formeln, die er zu gebrauchen hat („Ein Schiff, welches als Wohnung von Menschen dient . . ."), machen die Szene noch unbegreiflicher und steigern die Fassungslosigkeit, die sich über den Saal, über das zunächst hell empörte Publikum gelegt hat.
Fragen zur Person, zur Sache, der Vorsitzende, Landgerichtsdirektor Dr. Schoppmann, 60, stellt sie, ohne sich auf die Provokationen einzulassen, die der Angeklagte ausspuckt. Sieben Schulklassen hat Edward Tapper absolviert, zweimal ist er sitzengeblieben, einmal wurde er zurückgesetzt, bis man den Fünfzehnjährigen ins Leben entließ. Herr Schoppmann gibt nicht auf, als der Angeklagte Auskunft über seinen schulischen Mißerfolg verweigert. Und so stößt Edward Tapper schließlich doch „Kein Interesse gehabt" hervor, mit tief gesenktem Kopf, fast völlig in der Anklagebank verschwunden – und läßt dem

überraschend, kaum verständlich, die Worte „Was ich allerdings bereue ..." folgen.
„Sie wollen ja jetzt vieles nachholen", sagt Herr Schoppmann ganz ruhig, ganz selbstverständlich. Edward Tapper, und das bricht grell aus ihm heraus, das läßt einen zusammenfahren: „Das hat ja jetzt alles keinen Sinn mehr!"
Er wollte zur See fahren. Der Vater, der selbst Seemann gewesen ist, war dagegen. Edward, den alle „Eddy" nennen, sei zu klein, zu zierlich und zu schwach. Die Seefahrt sei zu gefährlich für ihn. Doch im August 1967 ging Edward Tapper, 15 Jahre alt, auf die „Uranus", einen Fischdampfer der Reederei, bei der auch sein älterer Bruder arbeitete. Er wollte auf Koch lernen, und offenbar war er anstellig.
Als später einmal der Koch vor Kanada bei Nacht und auf See von Bord verschwand, hat Edward Tapper für den Rest der Fangreise den Koch so gut gemacht, daß man ihn in Zukunft als Koch anheuern wollte. Er hat viel Geld verdient, das er nicht zusammenhalten konnte: „Ich bin leichtsinnig gewesen". Er war dort angekommen, wo er hingewollt hatte. Allerdings war nun auch alles sehr anders, als seine Vorstellungskraft es ihm ausgemalt hatte.
Die Menschen, unter denen er an Bord lebte, waren hart. Sie tranken viel. Sie hatten eine Hackordnung, in der die Jüngsten ganz unten standen. Die Fangreisen dauerten Wochen, Monate. Der Hochsee-Fischfang kämpft um Rentabilität. An Bord steht man nicht nur an der Front der See. Man steht auch an der Front eines Berufs, dessen Zukunft dunkel ist.
Edward Tapper geriet in eine Welt, die er sich gewünscht hatte, doch niemand half ihm, in dieser Welt auszuhalten, nachdem er Eingang in sie gefunden hatte. Keine Berufsschule, kein Ausbilder, es gab nichts und niemand, wonach und nach dem er sich hätte orientieren können.
Das Heimkommen war immer schön, doch der Aufbruch wurde immer ärger. „Kein Seemann geht gerne auf See hinaus", hat ein Zeuge in Bremerhaven gesagt und hatte sicher recht. Doch Edward Tapper war ein Jugendlicher, ein besonders kindlicher Jugendlicher sogar. Er hatte sich angepaßt, eingefügt und einen Platz erobert. Kostenlos bekommt man das nicht. Der Preis, den Edward Tapper zahlte, waren die Abneigung gegen das Auslaufen und die zuletzt fast panische Angst vor ihm, der Abscheu vor den Verhältnissen an Bord und das Aufbegehren gegen die Art, in der man dort mit ihm umsprang, war ein Nichtangepaßtsein, das immer stärker in ihm wurde: das jedoch, schließlich war er erst 15 bis 17 Jahre alt, unter der ohnehin niedrigen Schwelle seiner Artikulationsfähigkeit, seines Vermögens sich auszudrücken und abzureagieren immer stärker wurde.
In Edward Tapper reißt ein Zwiespalt auf. Er trinkt, wenn er an Land ist. Er gerät an das Jugendgericht. Benutzung eines nicht zugelassenen Mopeds ohne Führerschein, Diebereien in Kaufhäusern: darüber wird erst in beträchtlichem Abstand von diesen Dummheiten verhandelt. Der Jugendarrest, den Edward Tapper zuletzt anzutreten hat, ist zeitlich so weit von den Vorgängen entfernt, deretwegen er verhängt wird, daß sich Edward Tapper seiner Einwirkung – so eine positive möglich gewesen sein sollte – leicht entziehen kann.
Doch dieser Junge ist nicht bodenlos. Er sucht wieder zusammenzufügen, was in

ihm auseinanderstrebt. Er schließt sich an Brigitte an, die jetzt, inzwischen 15 Jahre alt und kaufmännischer Lehrling, als Zeugin ausgesagt hat. Ein schlichtes Mädchen ohne Bruch. Brigitte ist für Edward Tapper der Mensch, der ihn dazu anregt, Lehren anzunehmen, selber Lehren zu ziehen und zusammen mit einem anderen, mit Brigitte eben, Pläne zu machen. Er will nachlernen, seinen Beruf richtig lernen.

Im August 1968 hat Edward Tapper die Schülerin Brigitte kennengelernt, und diese Bekanntschaft macht viel aus ihm in Richtung auf das, was aus Edward Tapper werden könnte. Diese Bekanntschaft beginnt aber nicht nur, ihn aus seiner unheilvollen Anpassung herauszulösen: sie schafft auch einen neuen Konflikt, denn zu einem raschen Herauslösen kann dem Jungen auch Brigitte nicht helfen. So steht nun das Auslaufen noch schrecklicher vor ihm.

Im Juni und Oktober 1969 legt Edward Tapper auf Fischdampfern, mit denen er ausläuft, Feuer. Einmal entsteht ein Schaden von über 100 000, das andere Mal einer von 3000 Mark. Er will das Auslaufen verhindern, was so zu verstehen ist, daß er nicht weiter fortlaufen, sich nicht länger heillos anpassen will; daß er aber das sich selbst und den anderen gegenüber noch nicht durchsetzen kann. 1970 geht er in Island von Bord, wird zurückgeflogen, gerät für den Flugpreis in die Kreide.

Am 22. August 1970 schickt die Reederei ein Taxi, sie braucht einen Kochsmaat, Edward Tapper soll kommen. Man will ihn wie einen Koch bezahlen, und von der Heuer soll ihm nur ein Teil seiner Island-Schuld abgezogen werden. Edward Tapper paßt sich noch einmal an. Telephonisch versucht er Brigitte zu erklären, warum es dieses Mal doch noch mal sein muß. Richtig kann er das nicht erklären, er muß fürchten, Brigitte zu verlieren. An Bord fühlt er sich dann gleich vom Koch beleidigt. Mit dem will er schon gar nicht auf eine Fahrt gehen, die er ohnehin nicht will. Er zündet in der Mannschaftsmesse einen Karton an. Acht Menschen sterben.

Edward Tapper haßt sich seit dem 22. August 1970. Er gestikuliert, grimassiert und bramarbasiert in Verzweiflung. Er kann nur noch aggressiv sein, denn er ist sein ärgster Feind. Es müßte sich jemand finden wie der Vorsitzende, der Edward Tapper so begegnet, daß man Herrn Schoppmann nicht „gütig" nennen muß, sondern einen Richter, einen Menschen nennen darf.

Das Urteil: diese Woche. Vergangene Woche, Brigitte hatte ausgesagt und ging zur Tür, der Kopf des Jungen war wieder versunken, er versteckte sich. Doch dann schlugen das Nimmermehr und das Vorbei für alle Zeit auf Erden über ihm zusammen. Und er richtete sich auf, hastig und verstohlen zugleich, drehte sich um und sah den Rücken des Mädchens noch einmal in der Tür. Edward Tapper hat mehr Menschen auf dem Gewissen als Jürgen Bartsch. Von Gewissen sprechen wir leicht, wenn es um das geht, was andere sich aufgeladen haben.

DER SPIEGEL, Nr. 10/1971

4.2 Probleme des Strafvollzugs und der Resozialisierung

4.2.1

BUNDESGESETZ

Der Zweck des Strafvollzugs I 1971

(1) „Der Vollzug der Freiheitsstrafe soll dazu dienen, die Allgemeinheit zu schützen, dem Gefangenen zu der Einsicht zu verhelfen, daß er für begangenes Unrecht einzustehen hat, und ihn wieder in die Gemeinschaft einzugliedern. Der Vollzug soll den Willen und die Fähigkeit des Gefangenen wecken und stärken, künftig ein gesetzmäßiges und geordnetes Leben zu führen. (2) Zur Erreichung dieser Ziele soll der Vollzug auf die Persönlichkeit des Gefangenen abgestellt werden, soll dessen schädlichen Neigungen entgegenwirken und günstige Ansatzpunkte ausnützen."
Bundeseinheitliche Dienst- und Vollzugsordnung in der vereinbarten Fassung vom 1. Mai 1971, Nr. 57 (I)

Entwurf eines Gesetzes über den Vollzug der Freiheitsstrafe . . .
– Strafvollzugsgesetz –

Zweiter Abschnitt

Vollzug der Freiheitsstrafe

Erster Titel

Grundsätze

§ 2

Ziel der Behandlung

Im Vollzug der Freiheitsstrafe soll der Gefangene fähig werden, künftig in sozialer Verantwortung ein Leben ohne Straftaten zu führen (Behandlungsziel).

§ 3

Gestaltung des Vollzuges

(1) Das Leben im Vollzug ist den allgemeinen Lebensverhältnissen so weit als möglich anzugleichen.
(2) Schädliche Folgen des Freiheitsentzuges ist entgegenzuwirken.
(3) Der Vollzug ist darauf auszurichten, daß er dem Gefangenen hilft, sich in das Leben in Freiheit wieder einzugliedern.

Hrsg. Bundesministerium der Justiz Bonn, Januar 1973, S. 11

4.2.2

RUDOLF E. EGG

Sozialtherapie in Erlangen: Methoden und erste Auswirkungen einer Versuchs- und Erprobungsanstalt

In Bayern entschied man sich dafür, die JVA Erlangen als sozialtherapeutische Forschungs- und Erprobungsanstalt einzurichten. Nach etwa einjähriger Vorbereitungszeit wurde diese Anstalt am 31. 5. 1972 eröffnet.

Die Erlanger Anstalt ist in einem ehemaligen Amtsgerichtsgefängnis untergebracht und befindet sich praktisch im Zentrum der Stadt. Von außen ist der Bau nicht sofort als Vollzugsanstalt zu erkennen, da er sich architektonisch gut in die Umgebung einfügt.

Der Hauptbau besteht aus 2 Stockwerken, in denen sich insgesamt 37 Einzelzellen befinden. Die Zellen entsprechen in ihrer Einrichtung Wohnheimzimmern und können individuell ausgestattet werden. Das Licht in den Zellen kann von den Gefangenen selbst ein- und ausgeschaltet werden. Außerdem ist in jeder Zelle ein Waschbecken sowie eine Toilette, die mit einem Vorhang abgedeckt werden kann.

Neben den Zellen und den Dienstzimmern der Stationsbeamten sind im Hauptbau noch 2 kleinere Gruppenräume, 2 Fernsehräume, ein Speiseraum, ein Bastelraum mit Töpferofen und ein Trimmraum. 3 Arbeitsräume mit je etwa 10 Plätzen sind unmittelbar an das Haus angegliedert. Die 2 vorhandenen Besuchsräume befinden sich am Eingang. Sie sind ebenfalls relativ wohnlich eingerichtet und ermöglichen so einen Besuch in einer gelockerten Atmosphäre.

Das Personal der Erlanger Anstalt umfaßte zum Zeitpunkt der Untersuchung 27 Personen. Davon gehörten 5 Personen zum therapeutischen Team (2 Diplom-Psychologen, 1 Pädagoge, 2 Sozialarbeiter), die restlichen 22 Personen waren im eigentlichen Vollzugsdienst und in der Verwaltung tätig.

Einzelheiten des Anstaltslebens

Der Tagesablauf in der Anstalt sieht gewöhnlich so aus: Um 6.00 Uhr ist Wecken und Aufschluß der Zellen. Für *Pb*[8], die in der Anstalt arbeiten, beginnt um 7.00 Uhr die Arbeitszeit; Außenarbeiter werden unter Umständen schon früher geweckt, damit sie rechtzeitig am Arbeitsplatz sind. Von 11.30 bis 12.30 Uhr ist Mittagspause, um 15.00 Uhr ist Arbeitsschluß. Der sog. Hofgang, ein freier Aufenthalt im Innenhof der Anstalt, bei dem vorwiegend Volleyball gespielt wird, findet von 16.30 bis 17.30 Uhr statt. Vor und nach diesem Hofgang werden die verschiedenen Gruppenveranstaltungen durchgeführt (Gruppentherapie, Freizeitkurse usw.). Die eigentliche Freizeit, in der sich die Pb nach eigenen Wünschen beschäftigen können, beginnt je nach Zugehörigkeit zu einer bestimmten Gruppe ab 18.30 Uhr. Vom Wecken bis zum Zelleneinschluß, der

[8] Die Bezeichnung „Proband“ wird in der Anstalt einheitlich verwendet, auch die Insassen selbst nennen sich so.

gewöhnlich um 22.00 Uhr stattfindet, können sich die Pb innerhalb des Hauses im wesentlichen frei bewegen. Die Zellen sind nicht verschlossen.
Die bereits angesprochene Arbeit wird von 2/3 der Pb im Haus ausgeübt. Dabei handelt es sich meist um sehr einfache Hilfsarbeiten. Trotz großer Bemühungen seitens der Anstalt gelingt es offenbar nicht, eine sinnvollere Arbeit hereinzubekommen. Die Bezahlung der Arbeit erfolgt übrigens nach den in Vollzugsanstalten üblichen Sätzen, d. h. zwischen 0,80 und 1,50 DM pro Tag. Dazu kommt eine Leistungsprämie von monatlich maximal 50,-- DM. Diese Art der – wie es richtig heißt – Arbeitsbelohnung (von einer Entlohnung kann wirklich nicht gesprochen werden) wurde schon von verschiedenen Seiten heftig kritisiert. In der Tat gestatten es diese spärlichen finanziellen Zuwendungen den Gefangenen nicht, für die eigene Familie oder die eigene Zukunft zu sorgen, für angerichteten Schaden aufzukommen oder Beiträge zur Sozialversicherung zu leisten.
Eine deutliche Verbesserung der Arbeitssituation, wenn auch nicht von der finanziellen Seite her, ergibt sich für die Pb, die sich in Außenarbeit befinden. Bei der sog. Außenarbeit unter gelockerter Aufsicht wird der Pb entweder von einem Beamten oder vom Arbeitgeber in den Betrieb und wieder zurückgebracht; Pb, die sog. Freigänger sind, begeben sich dagegen selbst zur jeweiligen Arbeitsstelle und kehren abends auch wieder alleine zurück. Aus therapeutischen Gründen ist man bestrebt, eine Außenarbeit auf die letzten 5 bis 6 Monate vor der Entlassung zu beschränken. Erfahrungsgemäß liefert die Außenarbeit neben den Vorteilen einer Wiedereingliederung der Pb in einen normalen Arbeitsablauf nämlich auch allerhand Probleme und Konflikte, so z. B. Neid und Spannungen im Haus unter den übrigen Pb, geringere Möglichkeiten des Pb zur Teilnahme an Gruppen- und Einzelstunden am Nachmittag und die Belastung einer „halben" Freiheit für den einzelnen Außenarbeiter.
Das Angebot an Aus- und Fortbildung der sozialtherapeutischen Anstalt Erlangen muß sich verständlicherweise in dem relativ bescheidenen personellen Rahmen des Hauses halten. Der Anstaltspädagoge führt halbjährige Kurse in den Fächern Rechnen und Deutsch durch, bei denen die Pb einen Hauptschulabschluß erhalten können. Außerdem gibt es mehrwöchige berufliche Lehrgänge für Schweißer, Kranführer und Baugeräteführer außerhalb der Anstalt.

Theoretischer Hintergrund

Allgemeiner Ausgangspunkt der Sozialtherapie ist die Annahme, daß Kriminalität das Ergebnis quantitativ und qualitativ unzureichender Lernbedingungen im individuellen Sozialisationxprozeß darstellt. Dabei sollte vor allem gegeben sein:

1. Eine oder mehrere Personen, zu denen der Pb Vertrauen gewinnen kann, mit denen er seine Sorgen und Probleme offen besprechen kann und mit denen er sich auch letztlich zu identifizieren vermag (Übernahme von Normvorstellungen).
2. Ein geeignetes soziales Milieu, in dem der Pb einerseits neu erworbene oder gefestigte Verhaltensweisen „testen" und trainieren kann und das es ihm

gestattet, unter Ausnützung gruppendynamischer Prozesse zu weiteren neuen Verhaltensweisen zu gelangen.

3. Eine allgemeine äußere Umgebung, die für den Pb weder zu sehr verwöhnend noch zu sehr frustrierend ist und die auch selbst genügend stabil ist, so daß sich der Pb auf sie einstellen kann, er also positive oder negative Konsequenzen der Umgebung auf sein Verhalten realistisch einzuschätzen vermag.

Dieses gesamte soziale Lernfeld muß so gestaltet sein, daß es den realen äußeren Bedingungen in Freiheit so weit als möglich angeglichen ist. Auch sollen Kontakte zur Außenwelt nur im unbedingt notwendigen Umfang beschränkt werden.
Die konkreten therapeutischen Maßnahmen lassen sich in drei Bereiche aufteilen:

1. System des Einzelbetreuers

Jeder Pb erhält nach Beendigung der viermonatigen Probezeit einen Therapeuten zugewiesen, der für ihn die Funktion eines Betreuers ausübt. Bei dieser Zuteilung werden Wünsche des Pb nach Möglichkeit berücksichtigt. Bis zum Verlassen der Anstalt hat jeder Pb bei seinem Therapeuten therapeutische Einzelstunden, die in der Regel wöchentlich einmal, gegen Ende des Aufenthaltes auch seltener stattfinden (sollen).

2. Gruppentherapeutische Verfahren

Neben einem von Pädagogen der Anstalt entwickelten und geleiteten Kommunikationstraining, bei dem es darum geht, daß die Pb zu einem besseren Verstehen und Berücksichtigen des (sprachlichen) Verhaltens anderer Personen gelangen und an dem besonders die Besucher des Schulunterrichts teilnehmen, sind hier vor allem die sog. therapeutischen Kleingruppen wichtig.
Jeder Pb ist Mitglied einer solchen gewöhnlich 5 bis 7 Personen umfassenden Gruppe; Gruppensitzungen finden in der Regel zweimal wöchentlich für jeweils eine Stunde statt. Jede Gruppe besitzt einen Therapeuten als Leiter.
Die besprochenen Themen bestimmen die Pb, ähnlich wie in den Einzelstunden, im wesentlichen selbst. Bei seinen Kommentaren und Fragen ist der Gruppenleiter eine Art Schiedsrichter, der nur dann stärker eingreift, wenn Gefahr besteht, daß das Gespräch ins Uferlose oder Nebensächliche abzugleiten droht oder wenn durch das Verhalten einzelner Gruppenmitglieder der Fortgang der Diskussion behindert ist. Ansonsten ist zur Gruppentherapie noch zu sagen, daß sich den Pb hier beim gemeinsamen Durchsprechen von Problemen die Möglichkeit bietet, die eigenen Motive und Interessen nicht nur im Zwiegespräch mit einem Partner – wie bei der Einzeltherapie – kritisch zu durchdenken und gegebenenfalls zu revidieren, sondern sie können auch voneinander lernen, indem sie sich zum Beispiel gegenseitig auf Fehler aufmerksam machen und sich so besser kennenlernen.

3. Milieuthearapie

Maßnahmen, die einen Abbau kriminellen Verhaltens bewirken sollen, müssen sich in einem Milieu abspielen, das weder extrem frustriert noch extrem verwöhnt.
Dies bedeutet, daß das einseitig nach Sicherheit und Ordnung ausgerichtete Anstaltsmilieu des bisherigen Verwahrvollzugs ersetzt werden muß durch ein Milieu, das der Realität weitgehend entspricht und so dem therapeutischen Ziel einer Resozialisation der Delinquenten nicht entgegenläuft, sondern dieses vielmehr unterstützt. An speziellen Einzelmaßnahmen der Milieutherapie können folgende Punkte erwähnt werden:

a) Die Unterteilung in relativ kleine Einheiten (vgl. Kleingruppen), die ein soziales Lernen leichter ermöglichen.
b) Die Gelegenheit zu Kommunikation mit verschiedenen Personen bzw. Personengruppen (vgl. Trainingsgruppe, großzügige Besuchsregelung, auch die Einbeziehung der Vollzugsbeamten in das therapeutische Geschehen ist hier zu nennen).
c) Größtmögliche Anpassung der allgemeinen Verhältnisse in der Anstalt an das Leben in Freiheit (Ausgestaltung der Zellen und Freizeiträume, Fernsehmöglichkeit, Bewegungsfreiheit im Hause, Abschaffung der Hausstrafen, Speiseraum usw.).
d) Das Bemühen um friedliche, auf der Basis des Vertrauens beruhende Beziehungen der verschiedenen Personengruppen in der Anstalt:
Therapeuten – Pb, Aufsichtsbeamte – Pb, Aufsichtsbeamte – Therapeuten.
Besonders problematisch ist das Verhältnis zwischen Pb und Beamten, da hier auf beiden Seiten alte Vorurteile und Einstellungen abgebaut werden müssen. Das therapeutische Team versucht diesem Problem einmal durch die Hereinnahme von Beamten in Kleingruppensitzungen zu begegnen, was den Pb ermöglichen soll, im Beamten nicht bloß einen „Schließer" oder „Aufpasser" zu sehen. Auf der anderen Seite bemüht man sich, die Beamten im Sinne eines In-Service-Trainings durch zahlreiche Gespräche bei Dienstbesprechungen und speziellen Seminartagen besser in das therapeutische Konzept der Anstalt zu integrieren.
e) Abbau von hierarchischen Strukturen.
Diesem Ziel sind freilich relativ enge Grenzen gesetzt, doch man bemüht sich, die Pb bei allen für sie wichtigen Entscheidungen zu Rate zu ziehen (z. B. beim Einführen eines neuen Tagesplanes, bei der Frage, ob und wie Freigänger den Einkauf selbst erledigen könnten usw.). Institutionalisiertes Forum für die Mitsprache der Pb ist eine regelmäßig stattfindende Vollversammlung der Pb, das sogenannte Plenum, das der therapeutische Leiter veranstaltet.
Insgesamt gesehen sind positive Auswirkungen nach Meinung des Autors unbestreitbar, wenn auch nicht in jedem Falle deutlich ausgeprägt und auf den ersten Blick erkennbar. Eine andere Frage ist nun, ob diese Wirkungen ausreichen, um dem Minimalziel der Therapie, nämlich der Verhinderung einer erneuten Straffälligkeit des Pb, zu genügen. In etlichen Fällen darf dies wohl bezweifelt werden, da es für eine erfolgreiche Resozialisierung nicht nur notwendig ist, daß

ein Pb seine eigenen Fehler und Problemsituationen erkennt und sich bemüht, sein Verhalten zu korrigieren; notwendig ist vielmehr auch, daß er auf stabile soziale Bindungen, einen gesicherten Arbeitsplatz und eine insgesamt nicht feindlich gesinnte Umwelt zurückgreifen kann. Sozialtherapeutische Bemühungen können also letztlich nur dann erfolgreich sein, wenn sie von den nachfolgenden Einflüssen (Familie, Beruf, Öffentlichkeit) nicht wieder in Frage gestellt werden.

Aus: Zeitschrift „Bewährungshilfe", Jahrgang 22, April 1975, Nr. 2

4.2.3

ARTHUR KAUFMANN

Eine Chance für den Schuldigen

Der Fall ging durch alle Zeitungen. Vor dem Schwurgericht in Verden war ein 31 Jahre alter ehemaliger Polizeimeister angeklagt, einen 22 Jahre alten Drogensüchtigen heimtückisch getötet zu haben. Das Gericht kam zu der Überzeugung, der Angeklagte sei des Mordes schuldig. Nach dem Gesetz hätte es zwingend nur eine Konsequenz gegeben: die lebenslange Freiheitsstrafe. Kein Schwurgericht in Deutschland hat jemals diese Konsequenz verweigert. Das Verdener Schwurgericht hat es getan. Es hat das Verfahren ausgesetzt und dem Bundesverfassungsgericht die Frage zur Entscheidung vorgelegt, ob die strafrechtliche Regelung der lebenslangen Freiheitsstrafe mit unserem Grundgesetz zu vereinbaren sei.

Damit ist eine in den letzten Jahren engagiert geführte Diskussion unversehens und unverhofft in ihr Entscheidungsstadium getreten – unversehens, weil die Gegner der lebenslangen Freiheitsstrafe auf eine parlamentarische Lösung gesetzt hatten, unverhofft, weil das Bundesverfassungsgericht, anders als der Gesetzgeber, sich völlig frei machen kann von jenem Ballast aus Ungewißheit, Dummheit und Arroganz, der dieses Strafrechtsproblem wie kaum ein zweites in der öffentlichen Diskussion befrachtet und belastet. Darin liegt eine große Chance. Darin liegt aber auch eine Gefahr. Das höchste deutsche Gericht ist auf die Prüfung der Verfassungsmäßigkeit der lebenslangen Freiheitsstrafe beschränkt. Sollte es diese bejahen, dann wäre nach aller Lebenserfahrung zu vermuten, daß die Befürworter der lebenslangen Freiheitsstrafe sich im Besitze eines verfassungsrichterlichen Freibriefes wähnen, mit dem sie ein von der Mehrzahl der Fachleute inzwischen abgelehntes Relikt aus einer überholten Strafrechtsauffassung in die Zukunft retten können. Das Bundesverfassungsgericht wird dies bei seiner Entscheidung zu bedenken haben. Dabei wird es auch zu bedenken haben, daß die im Strafrecht ohnehin große Kluft zwischen dem „gesunden Volksempfinden" und den Einsichten von Wissenschaft und Vernunft bei diesem Thema besonders groß ist. Ein Mord mobilisiert allemal die öffentliche Meinung, und wofür diese votiert, ist bekannt. Dabei gibt es bei rationaler Betrachtung nur eine einzige Lösung: Die lebenslange Freiheitsstrafe muß abgeschafft werden. Sie paßt nicht mehr in unsere Kultur. Sie widerspricht dem Schuldgedanken, folgt aus keiner rechtspolitischen Notwendigkeit und ist zum Schutz der Gesellschaft nicht erforderlich. Sie tastet die Würde des Menschen an, verletzt die Freiheit der Person in ihrem Wesensgehalt und widerspricht dem Gleichheitssatz. Die lebenslange Freiheitsstrafe ist verfassungswidrig.

Man tut gut daran, sich den geschichtlichen Hintergrund der lebenslangen Freiheitsstrafe stets vor Augen zu halten. Am Beginn unseres Jahrhunderts galten Todesstrafe und lebenslange Freiheitsstrafe fast in der ganzen Welt als unentbehrliche Mittel der Bekämpfung und Ahndung schwerer Verbrechen. Die Berechtigung dieser Strafsanktionen wurde kaum diskutiert; man hielt sie für selbstverständlich. Die wenigen Kritiker waren Außenseiter, die keinerlei Einfluß auf die Wirklichkeit des Strafrechts hatten.

Der Staat wollte ein Beispiel geben

Inzwischen haben zwei Weltkriege und die Erfahrungen mit verbrecherischen Staatssystemen die Menschheit erschüttert. Millionen Menschenleben sind „im Namen des Rechts" vernichtet worden. Als sich die Bundesrepublik Deutschland im Jahre 1949 eine Verfassung gab und darin die Todesstrafe abschaffte, geschah dies unter dem unmittelbaren Eindruck einer beispiellosen Geringschätzung menschlichen Lebens durch die nationalsozialistischen Gewalthaber. Die Liquidierung der Todesstrafe war daher keineswegs als ein Akt der Strafrechtsreform gemeint, sondern als ein mahnendes Bekenntnis zur Unantastbarkeit des Lebens: Der Staat wollte ein Beispiel geben und die Absolutheit des Tötungsverbots sogar gegenüber denen zur Geltung bringen, die selbst dieses Verbot in verwerflicher Weise mißachtet haben.

Die lebenslange Freiheitsstrafe stand damals überhaupt nicht zur Diskussion. Ja, nachdem die Todesstrafe abgeschafft war, hielt man die lebenslange Freiheitsstrafe für ganz unentbehrlich, um Fälle schwerster Kriminalität angemessen ahnden zu können. Dabei muß man bedenken, daß es die deutschen Strafgerichte in den Jahren nach dem Zweiten Weltkrieg mit einer großen Zahl von Mördern zu tun hatten, die oft hundertfach, nicht selten sogar tausendfach gemordet haben. Freilich sind diese NS-Prozesse ihrer Abnormität wegen kaum geeignet, um an ihnen das Für und Wider der Strafrechtsauffassung zu dokumentieren. Aber sie haben zweifellos das Klima mitbestimmt, das einer leidenschaftslosen, rationalen Diskussion der lebenslangen Freiheitsstrafe ganz und gar abträglich war.

In den letzten Jahren ist der Allgemeine Teil unseres Strafrechts reformiert worden. Der amtliche Entwurf von 1960/1962 hatte die lebenslange Freiheitsstrafe noch als ganz selbstverständlich angesehen. Auch der vergleichsweise fortschrittliche Alternativ-Entwurf eines Strafgesetzbuches, den ein Kreis von deutschen und schweizerischen Strafrechtslehrern im Jahre 1966 vorlegte, hatte zunächst an ihr festgehalten. Als dann aber einige Jahre später die Tötungsdelikte diskutiert wurden, zeigte sich, daß mittlerweile unter den „Alternativ-Professoren" nahezu Einmütigkeit gegen die lebenslange Freuheitsstrafe bestand. Man

fand, daß zwischen dem Unrecht einfacher und dem qualifizierter Tötungsdelikte, wie immer man die Abgrenzung auch vornahm, jedenfalls nicht jener kategoriale Unterschied bestand, wie er zwischen der zeitigen und der lebenslangen Freiheitsstrafe unüberbrückbar existiert. Und man erkannte, daß die lebenslange Freiheitsstrafe „zudem wegen ihrer persönlichkeitszerstörenden Wirkung inhuman ist". Erstmals forderte ein repräsentatives Forum der deutschen Strafrechtswissenschaft die Beseitigung der lebenslangen Freiheitsstrafe.
Die Strafrechtslehrer stehen nicht allein. Auch unter den Praktikern sind die Gegner der lebenslangen Freiheitsstrafe in der Mehrheit. Prominente Fachleute lehnen heute diese Strafe dezidiert ab: Leiter von Strafvollzugsanstalten ebenso wie viele erfahrene Strafrichter und hohe Ministerialbeamte. Hinzu kommen ungezählte Ärzte, Psychologen, Soziologen, Gefängnisseelsorger. Demgegenüber finden sich im neueren Schrifttum nur noch wenige Stimmen, die *mit Argumenten* die lebenslange Freiheitsstrafe verteidigen. Die meisten Anwälte des Status quo beteiligen sich nicht an der wissenschaftlichen Diskussion. Im Bundestag bilden die Apologeten des „Lebenslänglich" zwar die Mehrheit, aber von kaum einem Parlamentarier weiß man, aus welchen Gründen er für die Beibehaltung dieser Strafe eintritt. Wie bestürzend hier die Diskussionsverweigerung ist, wird deutlich, wenn man liest, daß ein maßgeblicher Abgeordneter auf die vom Hamburger Justizsenator Ulrich Klug geäußerte Ansicht, die lebenslange Freiheitsstrafe sei verfassungswidrig, nichts anderes zu erwidern wußte als die Bemerkung, es handle sich „um geltendes Recht".

Recht der Öffentlichkeit?

Die meisten, die für die lebenslange Freiheitsstrafe auf die Barrikaden gehen, haben auch gar keine rationalen Gründe, sondern reagieren rein emotional. Da mischen sich Haß- und Racheinstinkte mit Vorstellungen von Sicherheit und Ordnung, die ihre Herkunft aus autoritärer Zeit nicht verleugnen können. Selbst das „gesunde Volksempfinden" bemüht man wieder, das einst den Nationalsozialisten dazu diente, die Rohheit ihrer Strafpraxis zu motivieren. „Die Öffentlichkeit hat ein Recht auf hohe Strafen", verkündete unlängst ein Staatsanwalt gegenüber einem Lebenslänglichem, der nach neun Jahren Haft einen Fluchtversuch unternommen hatte; und als dieser von der Hoffnungslosigkeit seines Lebens hinter Gittern sprach, meinte der Öffentlichkeits-Vertreter: „Sie sitzen doch erst neun Jahre."
In der Tat, so sieht es der „gesunde" Mann aus dem Volk, der ohnehin für die Wiedereinführung der Todesstrafe ist und dem die lebenslange Freiheitsstrafe gleichsam als ein „Sanatoriumsaufenthalt für Schwerverbrecher" erscheint. Und bis zum Überdruß wird die Gefahr einer „Aushöhlung" und „Verweichlichung" des Strafrechts beschworen, damit nur ja das Bild des Verbrechers keine menschlichen Züge bekommt, in denen sich der „brave Bürger" wiedererkennen könnte. Als Gerhard Jahn, damals noch Bundesminister der Justiz, den Vorschlag machte, Lebenslängliche bei günstiger Prognose nach fünfzehn Jahren Haft zu entlassen, weil es nicht Ziel des Strafvollzugs sein dürfe, den Menschen

letztlich zu vernichten, da reagierte die Öffentlichkeit mit einer Flut von Beschimpfungen, die in dem Vorwurf gipfelte, der Minister wolle leichtfertig und mutwillig die gesellschaftliche Ordnung zerstören.
Gegenüber solchen „Argumenten“ ist die Wissenschaft machtlos. Dummheit und Arroganz kann man nicht widerlegen. Man kann nur hoffen, daß sie sich eines Tages überleben. Die Geschichte der Humanisierung des Strafrechts ist nicht zuletzt die Geschichte jener Menschen, die wider den Zeitgeist hofften und in Geduld das Reifen der Zukunft abwarteten.
Zu den Faktoren, die einer rationalen Diskussion der lebenslangen Freiheitsstrafe hemmend im Wege stehen, gehören vor allem falsche Vorstellungen über die Praxis der Begnadigung. Lebenslängliche würden ja ohnehin nach einer gewissen Zeit begnadigt, heißt es, und darum gebe es praktisch keine Notwendigkeit, diese Strafe abzuschaffen. Diese Auffassung ist irrig. In der Realität bedeutet das Urteil lebenslänglich durchaus für die meisten Verurteilten, daß sie bis zu ihrem Tode in der Strafanstalt bleiben müssen. Vor ein paar Jahren ist in der Strafanstalt Celle ein Mann gestorben, der insgesamt 63 Jahre hinter Gittern verbracht hatte.
Aber davon abgesehen ist die Gnadenpraxis, die die Ministerpräsidenten der einzelnen Bundesländer (in den Stadtstaaten Berlin, Bremen und Hamburg ist es der Senat) nach nicht nachprüfbarem Ermessen ausüben, höchst flexibel und wegen Fehlens gemeinsamer Maßstäbe auch ganz uneinheitlich. Der Unterschied in der durchschnittlichen Haftdauer beträgt, je nachdem, ob der Verurteilte nun gerade in Baden-Württemberg oder in Nordrhein-Westfalen seine Strafe verbüßt, bis zu sieben Jahre. Die vorzeitige Entlassung Lebenslänglicher gilt bei uns eben immer noch als ein Akt „monarchisch-charismatischen“ Gepräges (so das Bundesverfassungsgericht), als ein Erweis hoheitlicher Huld, der sich wesensmäßig gesetzlicher Fixierung und richterlicher Kontrolle entzieht.
Nun ist gewiß nicht zu bezweifeln, daß Recht und Gnade zweierlei sind. Das Rechtsgesetz muß generalisieren, muß „ohne Ansehen der Person“ für alle gleiches Recht schaffen. Die Gnade muß aus den vielen gleichen Fällen einzelne bevorzugen, und sie läßt sich daher ihrem Wesen nach so wenig rechtlich kanalisieren, wie sich das Wunder den für alle geltenden Naturgesetzen fügt. Aber das Problem ist ja nicht, ob sich Gnade verrechtlichen läßt – das ist ganz sicher nicht möglich –, das Problem ist, ob es in einem Rechtsstaat angeht, das Schicksal von Menschenleben einfach dem Gutdünken – oder muß man nicht sagen: der Willkür – der Exekutive zu überlassen. Warum gilt jene Vorschrift unseres Grundgesetzes, wonach die vollziehende Gewalt und die Rechtsprechung an „Gesetz und Recht“ gebunden sind, nicht auch für die probeweise Entlassung Lebenslänglicher? Warum wird die Aussetzung der Strafvollstrekkung zur Bewährung im Gesetz nur für die zeitige und nicht auch für die lebenslange Freiheitsstrafe geregelt?
Die Antwort ist denkbar einfach: Eine rechtliche Fixierung und gerichtliche Überprüfung der bedingten Entlassung sei mit dem Wesen der lebenslangen Freiheitsstrafe grundsätzlich unvereinbar, denn dies laufe praktisch auf ihre Abschaffung hinaus. Lebenslänglich heißt eben Strafverbüßung bis zum bitteren

Ende, und da ist für ein Recht auf Bewährung in Freiheit so wenig Raum wie bei der Todesstrafe. Im Grunde ist ja die lebenslange Haft eine Art der Todesstrafe, nur daß sie nicht vom Scharfrichter, sondern von der Zeit vollstreckt wird.

In anderen Ländern

Demgegenüber ist die Rechtslage im Ausland, jedenfalls in den vergleichbaren Ländern, vielfach besser. Fast in allen Staaten der westlichen Welt ist die Todesstrafe abgeschafft worden. Von der lebenslangen Freiheitsstrafe haben sich bereits Portugal, Polen und Italien getrennt. In den übrigen Ländern unterscheidet sich die Praxis der Begnadigung wesentlich von der in der Bundesrepublik Deutschland gehandhabten. In Großbritannien werden „Lebenslängliche" regelmäßig nach neun Jahren entlassen, in Belgien und Schweden nach zehn, in Norwegen und in den meisten Bundesstaaten der USA nach zwölf, in den Niederlanden nach dreizehn, in Dänemark, Frankreich, in der Schweiz und der Sowjetunion nach fünfzehn, in Österreich nach zwanzig Jahren. Das Entscheidende ist, daß hier die Gefangenen eine *Chance* auf Entlassung haben und daß deshalb auch der Strafvollzug an dem Ziel ausgerichtet wird, den Häftling für das Leben in Freiheit tauglich zu machen.

Die *rationalen* Gründe, die für die Beibehaltung der lebenslangen Freiheitsstrafe vorgebracht werden, sind dreifacher Art. Am verbreitetsten ist das rechtspolitische Argument, daß man den Bestrebungen zur Wiedereinführung der Todesstrafe nur dann wirksam begegnen könne, wenn man an der lebenslangen Freiheitsstrafe – und möglichst an ihrer restlosen Vollstreckung – festhalte. Die Berechtigung der „unblutigen Guillotine" soll also damit begründet werden, daß sie die blutige Guillotine entbehrlich macht.

Aber hier werden die Dinge just auf den Kopf gestellt. Man hat die Todesstrafe nicht abgeschafft, um mittels einer anderen Strafe dasselbe Ziel auf ähnlich grausame Weise – ja, noch grausamer! – zu erreichen: die Vernichtung des Straftäters. Es ist heute unbestritten, daß kein Häftling mehr als fünfzehn Jahre Haft ohne tiefgreifenden Schaden an seiner Persönlichkeit übersteht; was danach noch von ihm bleibt, ist nur mehr eine Menschenhülse, die dahinvegetiert, ohne wahrhaft zu leben. Die einzig richtige Konsequenz wäre daher gewesen, zugleich mit der Abschaffung der Todesstrafe auch die lebenslange Freiheitsstrafe abzuschaffen. Daß dies nicht geschah, hat historische, soziologische, psychologische Gründe. Es ist aber wider alle Logik, wenn man diesen ersten Fehler nun mit einem zweiten Fehler zu kurieren sucht, indem man die lebenslange Freiheitsstrafe zum Surrogat für die Todesstrafe erklärt.

Das zweite Argument, das mit dem *Schuldgedanken* operiert, ist schon wesentlich gewichtiger. Danach soll, wie es in einem führenden modernen Strafrechtslehrbuch heißt, die lebenslange Freiheitsstrafe deshalb unentbehrlich sein, „weil bei Taten mit schwerster Schuld, insbesondere bei Mord, nur die wenigstens symbolische Ausschließung des Täters aus der Gemeinschaft der legitimen Gerechtigkeitserwartung der Gemeinschaft" Genüge tun könne. Manche meinen sogar, daß diese Strafe prinzipiell bis zum Lebensende vollstreckt werden müsse, weil es hier um den Ausgleich besonders schwerer Schuld gehe und nicht um Resozialisierung. Von dieser Warte aus wird dann auch das Institut der bedingten Entlassung, wie es im Alternativ-Entwurf vorgesehen ist, als mit dem Wesen der lebenslangen Freiheitsstrafe grundsätzlich unvereinbar abgelehnt.

An dieser Auffassung ist zweifellos etwas Richtiges. Es wäre eine empfindliche Störung des Rechtsfriedens, wenn ein Raubmörder nach dreijähriger Haft entlassen und somit im Ergebnis kaum schwerer bestraft würde, als beispielsweise ein Meineidiger. Aber warum die Schuld eines Mörders einzig und allein durch eine lebenlsange Gefangenschaft soll gesühnt werden können, ist nicht einzusehen. Wie läßt sich das aus dem Wesen der Schuld begründen? Und ist „lebenslang" bei einem Zwanzigjährigen nicht etwas völlig anderes als bei einem Sechzigjährigen? Das entscheidende Gegenargument aber dürfte sein, daß ein Gefangener, der infolge jahrzehntelanger Haft seelisch abgestumpft und geistig verblödet ist, überhaupt nicht mehr die Fähigkeit besitzt, für seine Schuld einzustehen und dafür zu sühnen. Der Mann, der in der Strafanstalt Celle 63 Jahre hinter Gittern verbracht hatte (seit 1905!), war gegenüber dem Leben draußen so unempfänglich geworden, daß er niemals von Adolf Hitler Kenntnis genommen hatte. Welchen Sinn kann die Strafe noch haben, wenn der Bestrafte in einem solchen Maße entpersönlicht und entsozialisiert ist, daß er in keinen Zügen mehr dem Menschen gleicht, der vor unvordenklicher Zeit verurteilt worden ist? Ist das überhaupt noch „seine" Tat? Und will jemand im Ernst behaupten, daß da noch Schuld gesühnt werde?

Nein, der Schuldgedanke weist gerade in die entgegengesetzte Richtung. Es ist gesicherte Erfahrung, daß auch der gutwillige, sein Fehlverhalten einsehende, sühnebereite und um Wiedergutmachung bemühte Gefangene nach zehn, längstens nach fünfzehn Jahren Haft resigniert, gleichgültig und abgestumpft wird und nicht selten den Freitod sucht. Die Fähigkeit des Menschen, Schuld zu sühnen, ist begrenzt. Sie besteht nur so lange, wie sein Wille nicht völlig gebrochen ist. Wer es mit dem Schuldgedanken ernst meint, muß dafür plädieren, daß die Strafe nicht über diesen kritischen Zeitpunkt hinaus vollstreckt wird, jenseits dessen sie nur noch einen Täter treffen kann, der wegen des tiefgreifenden Verfalls seiner Persönlichkeit gar nicht mehr schuldfähig ist.

Der Philosoph Max Scheler hat einmal gesagt: „Eine Strafe, die den Bestraften vernichtet, ist keine Strafe." In der Tat, bei der Todesstrafe läßt sich allenfalls das Getötetwerden, nicht jedoch das Totsein als Strafe begreifen. Ein Totsein ist aber auch der Zustand des Lebenslänglichen, der zu keiner Empfindung mehr fähig ist, weil nach überlanger Haftzeit alle seine Kräfte gebrochen sind. Ein „lebendiges Begrabensein" hat es Charles Dickens einmal genannt. Leben ist nur möglich, wo noch Hoffnung ist, der Hoffnungslose kann nicht als Mensch leben. Der Mensch ohne Hoffnung vermag nichts Sinnvolles zu tun, auch nicht Strafe zu realisieren. Nur derjenige kann „seiner" Strafe einen positiven Inhalt geben, in dem die Hoffnung lebendig ist, eines Tages genug gesühnt zu haben und dann einen neuen Anfang machen zu dürfen.

Eben diese Hoffnung aber hat der Lebenslängliche nicht, jedenfalls nicht in der Bundesrepublik Deutschland, wo die vorzeitige Entlassung ein reiner Gnadenakt ist, auf den kein Rechtsanspruch besteht und der – selbst bei guter Führung – keineswegs die Regel darstellt. Die verbreitete Meinung, daß früher oder später ja doch alle begnadigt würden, ist einfach falsch. Auch heute noch, ein Vierteljahrhundert nach Abschaffung der Todesstrafe, ist das Wort vom „Tod auf Lebenszeit“ immer noch gültig.

Die verzweifelte Situation des Lebenslänglichen, die Hoffnungslosigkeit, zu der er verurteilt ist, hat auch noch einen höchst unerfreulichen prozeßrechtlichen Aspekt. Da der angeklagte Mörder, was immer er auch sagen und tun mag, nur diese eine Strafe, die lebenslängliche, zu gewärtigen hat, wird er auf Biegen und Brechen leugnen, denn dies ist seine einzige Chance. Es zeigt sich also auch aus dieser Sicht, wie verkehrt, ja, wie unsittlich es ist, einem Menschen, der gefehlt hat, jeglichen Weg zurück zu einem geordneten Leben zu verbauen.

Drittens schließlich wird geltend gemacht, die lebenslange Freiheitsstrafe sei zum *Schutz der Gesellschaft* vor den Schwerstkriminellen notwendig. Aber wer sind denn diese Schwerstkriminellen? Obwohl die lebenslange Freiheitsstrafe noch bei einigen anderen Delikten angedroht ist (aber nicht zwingend), wird sie doch praktisch nur beim vollendeten Mord verhängt (hier läßt das Gesetz dem Richter keine andere Möglichkeit). Nun ist Mord sicher ein sehr schweres Verbrechen. Daraus folgt jedoch nicht, daß der Mörder besonders gefährlich wäre. Das Gegenteil ist der Fall. Daß ein entlassener Mörder rückfällig wird, ist ganz selten, und das läßt sich auch sehr leicht erklären, weil nämlich die allermeisten Mörder keine Hangtäter, keine berufsmäßigen Kriminellen sind, sondern Konflikttäter, die aus einer ganz spezifischen, sich kaum wiederholenden Situation heraus getötet haben. Gewiß gibt es auch unter den Mördern solche, die man wegen ihrer Gefährlichkeit für die Allgemeinheit nicht auf freien Fuß setzen kann. Doch ihretwegen braucht man nicht die lebenslange Freiheitsstrafe (und auch nicht, wie gelegentlich gefordert, die Strafe von unbestimmter Dauer). Dem berechtigten Sicherheitsbedürfnis der Allgemeinheit kann die Unterbringung in der Sicherungsverwahrung oder in einer psychiatrischen Krankenanstalt durchaus Genüge tun. Das darf aber nur ein äußerstes Mittel gegenüber den ernsthaft Gefährlichen sein. Die Schwere der Schuld ist kein Unterbringungsgrund, und sie ist für sich allein noch nicht einmal ein Indiz für besondere Gefährlichkeit. Damit haben sich alle drei Argumente, die für die Erforderlichkeit der lebenslangen Freiheitsstrafe angeführt werden, als nicht stichhaltig erwiesen. Natürlich spielen da auch noch andere Aspekte eine Rolle, wiewohl sie meist nicht ausdrücklich genannt werden: vor allem der Gedanke der Abschreckung und der Gedanke der Vergeltung. Doch welche Bedeutung auch immer man Abschreckung und Vergeltung beimessen mag, sicher ist, daß sie allenfalls Nebenwirkungen der Strafe, niemals aber ihr tragender Grund sein können. Freilich kann man auch nicht alles auf den Nenner „Resozialisierung“ bringen; es gibt Fälle – und sie sind gar nicht so selten –, in denen der Resozialisierungszweck weitgehend in den Hintergrund tritt. Aber eine Strafe, bei der die Resozialisierung völlig ausgeschlossen ist, die sogar ausgesprochen entsozialisierend wirkt, ist unzulässig, weil sie unmenschlich ist. Und was unmenschlich ist, das ist mit der obersten

Forderung unserer Rechtsordnung – die Würde des Menschen nicht anzutasten – unvereinbar.

Die – zurückhaltenden – Vorschläge der Reformer, die eine gerichtliche Prüfung der Frage einer bedingten Entlassung nach fünfzehn oder zwanzig Jahren Haft (also keinesfalls obligatorisch die Entlassung) vorsahen, sind vom Gesetzgeber nicht beachtet worden. Nun wird das Bundesverfassungsgericht zu entscheiden haben. Welche Folge diese Entscheidung für unsere Rechtswirklichkeit haben kann, zeigt eine hypothetische Frage, die Gerhard Mauz vor ein paar Jahren im *Spiegel* anläßlich der Berichterstattung über die Verurteilung des Astrologen Arwed Imiela wegen vierfachen Mordes zu lebenslanger Freiheitsstrafe aufgeworfen hatte:

„Wie wäre der Schwurgerichtsprozeß gegen Arwed Imiela verlaufen", fragte Mauz, „hätte die Vorsitzende Richterin ihm sagen können: Herr Imiela, Sie sind des vierfachen Mordes angeklagt. Sie bestreiten den Vorwurf der Anklage. Bitte, denken Sie nach, heute, in den nächsten Wochen, ich erwarte nicht sofort eine Antwort von Ihnen. Ihnen droht, wenn Sie für schuldig erkannt werden, die lebenslange Freiheitsstrafe. Vom zehnten Jahr der Vollstreckung dieser Strafe an, falls wir auf sie erkennen müßten, würde überprüft werden, ob und wie lange die Strafe noch vollstreckt werden muß. Wenn Sie uns eine Schuld, und sei es eine vierfache, zu bekennen haben: Überlegen Sie, ob Sie es nicht jetzt, in dieser Hauptverhandlung tun – ob Sie nicht schon jetzt den Weg betreten wollen, der Sie zwischen dem zehnten und fünfzehnten Jahr der Strafvollstreckung wieder in die Freiheit führen kann."

„Doch", so fügte Mauz hinzu, „so konnte Frau Heimann-Schlotfeldt, die Vorsitzende Richterin in Lübeck, Arwed Imiela nicht ansprechen, als die Hauptverhandlung . . . begann. *Das Gesetz* kennt nur die lebenslange Freiheitsstrafe ohne den Schimmer eines Erbarmens."

Darum geht es, daß auch die Schuldigsten unter den Schuldigen dennoch eine *Chance auf Entlassung* haben und daß deshalb auch der Strafvollzug bei „Lebenslänglichen" an dem Ziel ausgerichtet wird, den Häftling für das Leben in Freiheit tauglich zu machen.

Dies ist der Punkt, an dem sich die Geister scheiden: an dem Unterschied zwischen einer Strafe, die noch eine Lebenschance läßt, und einer Strafe, die das Leben zerstört. Hier muß man Farbe bekennen.

Der Verfasser dieses Aufsatzes, Arthur Kaufmann, ist Ordinarius für Strafrecht, Strafprozeßrecht und Rechtsphilosophie an der Universität München. An dem von ihm erwähnten Alternativentwurf eines Strafgesetzbuches (1966) hat er mitgewirkt.

Süddeutsche Zeitung, 15./16. Mai 1976

4.3 Schuld und Strafe im Alltag

4.3.1

HORST DOMKE

Erziehung und Strafe

1. Vermeidungslernen (durch negative Verstärkung)

Ermahnung, Zurechtweisen, Tadel, Beschimpfung, Drohung, Bestrafung u. a. sind Maßnahmen, die in der Erziehung ergriffen werden, um unerwünschten Einstellungen, Motiven und Verhaltensmustern entgegenzuwirken. Lerntheoretisch lassen sie sich zunächst mit eben demselben Effektgesetz wie die unterstützenden Erziehungspraktiken als sinnvoll erklären und rechtfertigen. Man spricht von Vermeidungslernen oder von Lernen durch negative Verstärkung: *Wenn eine Verhaltensweise in erkennbarem Zusammenhang von einem unangenehmen Zustand gefolgt wird, so wirkt dieser unangenehme Zustand auf das vorausgehende Verhalten schwächend, vermindernd, negativ verstärkend.* Bei planlosem Probierverhalten ist anzunehmen, daß solche Verhaltensmuster gar nicht erst in das Verhaltensrepertoire des Individuums aufgenommen werden; bei bereits irgendwie früher gelernten Verhaltensweisen kann damit gerechnet werden, daß sie durch wiederholte Mißerfolgserlebnisse in ihrer Häufigkeit reduziert und möglicherweise völlig abgelegt werden. Das Individuum wird versuchen, sein Problem durch andere Verhaltensweisen zu lösen, die nicht von Mißerfolgen begleitet sind bzw. von der sozialen Umwelt akzeptiert werden. Man kann weiter annehmen, daß der gesamte Bedürfnishaushalt des Menschen durch negative Nacheffekte des Verhaltens nicht unbeeinflußt bleibt, daß sich zentrale Bedürfnisse modifizieren und einschränken lassen und subjektiv als unerheblich empfundene Motive und Interessen aufgegeben werden können. Die pädagogische Einsicht in den Sachverhalt des Vermeidungslernens ist uralt: Das gebrannte Kind scheut das Feuer. Wer sein Kind liebhat, der züchtigt es.

2. Probleme der Anwendung unter besonderer Berücksichtigung der Strafe

Das Prinzip des Vermeidungslernens darf in der Erziehung nicht in der geschilderten Einfachheit, sondern nur mit Rücksicht auf andere psychologische Sachverhalte zur Anwendung gelangen. Man bedenke zunächst, was über das Phänomen der reziproken Affekte, über die Bedeutung postiver emotionaler Zuwendung und über die Äußerungen des Verstehens ausgeführt wurde. Damit kann natürlich nicht gemeint sein, daß der Erzieher immer erst freundlich zu sein, die Gefühle zu verbalisieren oder seine prinzipielle Wertschätzung umständlich auszudrücken habe, bevor er ermahnt, tadelt oder straft. Aber er sollte sich vor dem Gegenteil hüten: Der Erzieher tadelt oder straft und wie oft provoziert er dabei negative reziproke Affekte, indem er seine Beherrschung verliert und sich nervös, wütend, aggressiv, haßerfüllt zeigt; er tadelt oder straft und läßt dabei seine prinzipielle Geringschätzung spüren, indem er beschämt, blamiert, beschimpft, ironisiert, demütigt. Auch Mangel an Verständnis in Gestalt von Härte

und Unnachsichtigkeit wird gerade bei Tadel und Strafe häufig bemerkbar. Damit aber wird es Kindern und Jugendlichen schwergemacht, eigenes Fehlverhalten und dessen Kritik durch den Erzieher sachlich zu beurteilen. Viel eher werden durch solche affektgeladenen Erzieherreaktionen Rechtfertigungsgründe für weiteres Fehlverhalten geliefert, vor allem für feindselige Angriffe gegen den Erzieher selbst. Mit dem Abbruch positiver emotionaler Beziehungen wird aber auch die Möglichkeit der positiven Beeinflussung des Verhaltens weitgehend verspielt. Die Anwendung negativer Verstärkung kann also unter den beschriebenen Umständen sehr unerwünschte Nebenwirkungen hervorbringen. Deshalb dürfte es auch richtig sein, wenn die Formen positiver Verstärkung gegenüber denen der negativen Verstärkung dominieren. „So viel Unterstützung wie möglich, so viel Gegenwirkung wie nötig" (Reble, A., 1968,).
Besondere Zurückhaltung ist gegenüber der *Strafe* angebracht, deren Anwendung bestenfalls dann zu rechtfertigen ist, wenn sich andere Erziehungs- und Disziplinierungsmethoden als unzureichend erwiesen haben. Da die Strafpraxis in Familien, Heimen und Schulen sehr verbreitet ist, soll auf das Strafproblem etwas näher eingegangen werden.
Strafpraktiken sind mit Schwächen behaftet und rufen unerwünschte Nebenwirkungen hervor.
a) Strafen allein ist zumeist nur ein vorübergehender Erfolg beschieden; ihre Wirkung beschränkt sich gewöhnlich auf solche Zeiten und Situationen, in denen strafende Instanzen anwesend sind. Von dieser *Scheinwirkung* lassen sich manche Befürworter rigoroser Strafen täuschen. Wenn auf Strafe schon nicht verzichtet werden kann, so muß sie doch planvoll von positiver Verstärkung der Gegenkräfte im Kinde begleitet werden.
b) Strafe sagt nur, was nicht getan werden darf,
sie sagt noch nicht, was getan werden soll. Es fehlt ihr das Merkmal der *Richtungsangabe.* Notwendig ist auch hier die Kombination mit dem Aussprechen, Vormachen und Belohnen dessen, was richtig ist.
c) Häufiges Strafen stellt eine permanente *Frustration* dar,
die im Sinne der Frustrations-Aggressions-Theorie zu feindseligem Verhalten führen kann. Dieses feindselige Verhalten richtet sich offen oder getarnt gegen den Bestrafenden selbst oder auch gegen Unbeteiligte und Schwächere, bei denen die aufgestauten Aggressionen ohne größeres Risiko abreagiert werden können.
d) Bestrafung löst *Fluchtverhalten* aus,
besonders bei zu häufiger und strenger Anwendung. Jedes Individuum hat die Tendenz, unangenehmen Dingen aus dem Wege zu gehen. Fluchtverhaltensformen vor Bestrafung sind z. B. Lügen, Mogeln, Kriechen vor dem Erzieher, Schuleschwänzen u. ä. In vielen Fällen sind dann die Formen des Fluchtverhaltens unerwünschter als das ursprüngliche Verhalten, welches zu bestrafen gewesen wäre. Kinder und Jugendliche können sich auf diese Weise in immer gravierendere Formen abweichenden Verhaltens hineinmanövrieren. Verfestigtes Fluchtverhalten läßt sich nur sehr schwer wieder beseitigen, weil es subjektiv belohnend wirkt, indem es unangenehme Konsequenzen zumindest kurzfristig aus der Welt schafft.

e) Hartes und permanentes Strafen kann zu *Angst, Unsicherheit und Minderwertigkeitsgefühlen* führen, vor allem wenn keine Chance eingeräumt wird, das bestrafte Fehlverhalten stufenweise zu ändern.
f) Der Erzieher bleibt auch als Strafender *Verhaltensmodell,*
das von Kindern beobachtet und in geeigneten Situationen nachgeahmt wird. Härte und Rücksichtslosigkeit, Geringschätzung und Verständnislosigkeit des Erziehers haben Modellcharakter und regen zur Nachahmung an.

Besondere Beachtung verdienen die unter c) und d) genannten Gefahren der Aggression und des Fluchtverhaltens. Diese Gefahren zu vermeiden bedeutet, daß die Strafe vom Bestraften innerlich angenommen werden muß, es bedeutet die *Einsicht, daß Strafe berechtigt und verdient ist.* Nur mit einer solchen Einsicht können die positiven emotionalen Beziehungen aufrecht erhalten und eine positive Verhaltensänderung erzielt werden. Folgende Voraussetzungen für das Akzeptieren der Strafe durch den Bestraften sind wichtig.

a) Der Bestrafte muß wissen, wofür er bestraft wird.
Eine Selbstverständlichkeit eigentlich, die aber bei Kleinkindern und Schulanfängern nicht immer beachtet wird.
b) Die Strafe muß dem Fehlverhalten angemessen sein.
Da sich der strafende Erzieher auf kein Strafgesetzbuch stützen kann, sondern nur auf sein subjektives Ermessen im Augenblick des Geschehens, straft er häufig unangemessen.
c) Die Strafe muß gerecht sein.
Auf die Zeit bezogen heißt das: Strafe darf nicht ein Produkt der jeweiligen Laune des Lehrers sein; auf eine Gruppe bezogen heißt das: kein Kind darf bevorzugt oder benachteiligt werden, wobei jedoch der individuelle unterschiedlichen Empfindsamkeit der Individuen Rechnung getragen werden soll.
d) Eine sehr wichtige Voraussetzung für die Annahme der Strafe
ist schließlich, daß diese in einem engen inhaltlichen oder thematischen Zusammenhang zum Vergehen steht. Gegen dieses Prinzip wird sehr häufig verstoßen. Der inhaltliche Bezug zum Vergehen kann in der Strafe auf zweierlei Weise hergestellt werden: durch *Wiedergutmachung* und durch sogenannte *logische Folgen.* Auf diese beiden Möglichkeiten ist im folgenden noch näher einzugehen.

3. Wiedergutmachung und logische Folgen

Wiedergutmachung fällt zweifellos in den Bereich des negativen Nacheffekts bzw. des Vermeidungslernens. Ob man sie jedoch noch unter die Strafen im herkömmlichen Verständnis rechnen darf, darf offen bleiben. Wiedergutmachung kann sich auf einen angerichteten *materiellen Schaden* beziehen. Beispiel: Eine beim Herumtoben eingeschlagene Fensterscheibe wird vom eigenen Taschengeld ersetzt. Nicht immer jedoch ist materielle Wiedergutmachung möglich. Beispiel: Durch grobe Fahrlässigkeit im Straßenverkehr verursacht ein jugendlicher Mopedfahrer einen Unfall, bei dem *Personen zu Schaden* kommen; Möglichkeit der Wiedergutmachung durch Pflegedienst in der Unfallabteilung eines Krankenhauses. Wiedergutmachung ist aber auch sinnvoll, wenn gewissermaßen „psychische Schäden“ angerichtet wurden: So könnte z. B. bei feindseligem Verhalten unter Gleichaltrigen, bei verletzenden Äußerungen gegenüber älteren Menschen, bei Hinterhältigkeiten und Lügen der Schuldige unter Anleitung und Vermittlung des Erziehers dazu veranlaßt werden, sich zu entschuldigen oder dem Betroffenen eine kleine Freude zu bereiten.

Keine Art der Wiedergutmachung darf eine subjektive Überforderung darstellen, Wiedergutmachung ist auch nicht in allen Fällen abweichenden Verhaltens anwendbar.

Mehr als bei der Wiedergutmachung, bei der das Hauptaugenmerk auf das Rückgängigmachen geschehenen Unrechts gelegt wird, steht bei den *logischen Folgen* die Verbesserung des zukünftigen Verhaltens des zu Erziehenden im Mittelpunkt des pädagogischen Interesses. Die logischen Folgen eines Vergehens sollen für den Schuldigen den Charakter des negativen Nacheffekts haben und ihn im Sinne des Vermeidungslernens zu einer Änderung des Verhaltens bewegen.

Man faßt gegenwärtig den Begriff „natürliche Folgen“ weiter und bezieht auch Maßnahmen mit ein, die der Erzieher in aller Offenheit trifft. Sinnvoller ist es jedoch, begrifflich klar zu trennen zwischen solchen Konsequenzen, die von selbst eintreten und solchen, die der Erzieher ergreift. Rudolf Dreikurs unterscheidet demgemäß zwischen *„natürlichen Folgen“* und *„logischen Folgen“*. Dabei darf man sich aber nicht allzuviel von denjenigen Folgen erhoffen, die sich ganz von selbst einstellen sollen; denn bekanntlich stellen sich diese eben entweder gar nicht oder zu spät ein und können dann mit großen Gefahren verbunden sein. Aus diesen Gründen sind eben „Messer, Gabel, Schere, Licht für kleine Kinder nicht“. Demgegenüber kann man „logische Folgen“ immer arrangieren und zwar in dem Ausmaß, wie es die Situation und die Individualität des zu Erziehenden geboten erscheinen lassen. Beispiel: Schüler werden trotz angemessener Arbeitszeit nicht fertig, weil sie durch Unruhe und gegenseitige Ablenkung viel Zeit verloren haben. Logische Konsequenz: Sie müssen in der Schule (oder zu Hause) die verlorene Zeit auf Kosten beliebterer Beschäftigungen nachholen. Diese Methode der vom Erzieher arrangierten logischen Folgen setzt häufig so etwas wie einen Verhaltensvertrag voraus, den z. B. Lehrer und Schüler gemeinsam aufgestellt haben können, dem die Schüler zugestimmt haben. Wird dieser Kontrakt durchbrochen, ergibt sich die vereinbarte Strafe als logische Konsequenz: Auch hier – und das ist das Wesentliche – tritt die Person des Lehrers in den Hintergrund, die Strafe wird entpersönlicht, sie ergibt sich quasi von selbst, aus einem Sachverhalt, der gekennzeichnet ist durch die Verletzung einer vereinbarten Regel. Man sollte, mehr als dies üblich ist, im Hinblick auf einige wenige ganz spezielle Störverhaltensweisen mit Schülern solche vertragsähnlichen Vereinbarungen treffen, weil durch sie – ähnlich wie bei bekannten Spielregeln – eine affektfreie und unpersönliche Ahndung auf Erzieherseite und eine bereitere Annahme der Strafe auf seiten des zu Erziehenden ermöglicht wird.

Horst Domke, Erziehungsmethoden, (Reihe *Pädagogik* Nr. 2), Auer, Donauwörth, 1973, S. 40–44

4.3.2

HANNES BURGER

Sie schlagen und rauben aus Angst

Sie sind überwiegend Sonderschüler, bevorzugen aber englische Gruppennamen, die – ähnlich den Kriegsnamen primitiver Stämme – bereits Furcht und Schrekken verbreiten sollen: *Bloody Devils, Hell Angels, Tiger Rocks, Chicagos, Black Spiders.* Sie überfallen in großer Überzahl harmlose Spaziergänger, schlagen und trampeln kleine Buben zusammen, vergewaltigen gruppenweise einzelne junge Mädchen, fegen mit Eisenketten, Holzknüppeln und Totschlägern durch Jugendheime und Beatschuppen, wo biedere Jugendliche das Tanzbein schwingen; sie beherrschen zeitweise öffentliche Parkanlagen und schüchtern ganze Wohnviertel allein schon durch ihr äußeres Erscheinungsbild ein: die langmähnigen Rocker in Nietenhosen, Lederjacken und schweren Stiefeln auf dröhnenden Motorrädern und Mopeds mit Auspuffverstärker. Sie verbreiten Angst, und nur die Fachleute kennen das Motiv: Sie haben selbst Angst.
Allein in München hat die Polizei seit dem 1. Mai mehr als hundert jugendliche Kriminelle in schnellem Zugriff verhaftet. Das Wort *Rocker* ist zum beliebtesten Modewort vieler Polizeireporter geworden. Der tatsächlich zu registrierende Anstieg der Jugendkriminalität droht eine Rocker-Hysterie auszulösen: Wenn irgendwo zwei oder drei junge Schläger harmlose Passanten überfallen, wird das bereits als „Rocker-Terror“ aufgeputscht.

„Gegen Verteufelung“

„Wir wehren uns gegen verallgemeinernde Verteufelung“, sagt der Pressesprecher der Münchner Stadtpolizei, Kriminaldirektor Schmidt, „gleichgültig ob sie sich gegen die Halbstarken, die Studenten, die Gammler, die Hippies oder die Rocker richtet. Nicht alle Rocker sind kriminell, und nicht alle Kriminelle, die mit Lederjacke und Motorrad auftreten, haben etwas mit den Rockergruppen zu tun. Außerdem gibt es Straftaten einzelner Mitglieder von Rockergruppen, die nicht als Bandendelikt zu verstehen sind.“
Die Polizei bestreitet nicht, daß es in München wie in allen Großstädten Rocker gibt. Sie unterschätzt auch nicht mehr den teilweise kriminellen Kern solcher Gruppen, aber sie bestreitet, daß Münchens Rocker – etwas im Vergleich mit amerikanischen oder Hamburger Vorbildern – bereits Banden im strafrechtlichen Sinne sind, deren Mitglieder sich „zur fortgesetzten Begehung von Raub oder Diebstahl verbunden“ haben.
„Unbestreitbare Tatsache ist“, erläutert der für Jugendprobleme zuständige Kriminalamtmann Kohler, „daß die Jugendkriminalität im allgemeinen stark anwächst; zweitens, daß der Anteil der Jugendlichen gerade an der schweren Kriminalität zugenommen hat; und drittens, daß die straffällig gewordenen Jugendlichen im Schnitt immer jünger werden.“
Die Verwischung der Grenzen und der fließende Übergang von harmlosen, motorisierten Vorstadtrüpeln in Lederjacken zu straffällig gewordenen Mitglie-

dern von „Blasen" und jugendlichen oder heranwachsenden echten Kriminellen macht die Arbeit von Polizei, Jugendamt und Sozialpädagogen im Umgang mit Jugendlichen im Rockerkostüm besonders schwierig.

Banden von Jugendlichen und gefährliche „Blasen", wie man sie in München nennt, hat es immer schon gegeben, genauso wie Kraftmeiereien, Wirtshausschlägereien und Raufhändel von Burschen rivalisierender Dörfer oder Stadtviertel. Doch die heutigen Rockergruppen insgesamt – sieht man einmal von einzelnen echten Kriminellen ab – unterscheiden sich von diesen städtischen und ländlichen Traditionen ganz deutlich durch die psychologische Motivierung und in der Folge auch in der Art ihres Auftretens.

Die erste Bandenwelle ging gleich nach dem Krieg durch die Großstädte, ihre Zielsetzung war klar und, wenn auch illegal, so doch verständlich: gewaltsame Beschaffung von fehlernder Grundausstattung wie Nahrungsmitteln, Tauschobjekten oder Fahrzeugen. Die zweite Welle der Blasenbildung auf gärendem gesellschaftlichem Untergrund war Mitte bis Ende der fünfziger Jahre zu verzeichnen, als die sogenannten „Halbstarken" rowdyhaft gegen den streng materialistischen Leistungszwang der Nachkriegszeit und die bürgerlichen Verhaltensnormen aus der Vorkriegszeit rebellierten und die Fachleute den Begriff „Wohlstandskriminalität" erfanden.

Die Mehrzahl der heutigen Rocker ist weder zielstrebig auf die kriminelle Beschaffung von Eigentum ausgerichtet (ausgenommen der harte Kern) noch wird sie durch zuviel Kraft zu mutigen Raufereien gedrängt. Während die rauflustigen Burschen früherer Generationen ihren Stolz eher darin sahen, daß sie beispielsweise zu dritt zwanzig andere mit bloßen Fäusten aus dem Bierzelt prügelten, fallen die Rocker heute lieber zu zwanzig mit Schlagwerkzeugen über drei wehrlose Schüler oder gebrechliche Rentner her. Wenn sie einem Lehrling oder Oberschüler mit schwingenden Fahrradketten seine Lederjacke für zwei Mark „abkaufen", dann geht es ihnen nicht in erster Linie um den Besitz der Jacke. Und wenn sie gemeinsam eine Art rituelle Vergewaltigung begehen, dann nicht, weil sie sexuell benachteiligt wären; denn, wie einer sich ausdrückte: Sie haben „Weiber grad gnua, weil de ganz geil auf unserne Maschina san".

Worauf es den Rockern ganz offensichtlich und nach Ansicht auch vieler mit ihnen befaßter Sozialarbeiter ankommt, ist die Machtdemonstration, die Lust an der Hilflosigkeit und Angst anderer. Darum sind sie auch dann – anscheinend sinnlos – gewalttätig, wenn sie ihr vordergründiges Ziel („Gib mir eine Mark") erreicht haben oder wenn das Opfer zuvor mit ihnen überhaupt nichts zu tun hatte („Was schaugst denn so bläd?"). Der „Sinn" ihrer Gewalttätigkeit ist äußerlich nicht erkennbar, weil er sich im Innenleben eines Rockers erfüllt und diesem meist selbst nicht bewußt ist. „Die haben Minderwertigkeitsgefühle und eine unheimliche Lebensangst", berichtet eine mit Rockern beschäftigte Sozialarbeiterin, „und aus dieser Angst heraus entsteht ihre Aggressivität. Darum ergötzen sie sich daran, wenn andere vor ihnen noch mehr Angst haben, und fühlen sich dabei wieder eine Weile stark."

In einem „Beitrag zur Psychologie der Aggression" über das „Phänomen Waffe" (Kriminalistik Verlag Hamburg) beschreibt der Innsbrucker Wissenschaftler

Hubert Gundolf diese Steigerung des Aggressionstriebes: „Das Erlebnis der Angst im ‚Besiegten' und seine immer größer werdende Bereitschaft zur Flucht, sobald der Aggressor auftritt, erhöht das Lustgefühl in diesem. Der Machthunger wird stärker und wächst wie der Wunsch, immer öfter diese Macht zu demonstrieren und zu verkosten."

Woher aber kommt die Angst, der Minderwertigkeitskomplex und der Wunsch, sich durch Machtdemonstration Anerkennung zu verschaffen? Nach übereinstimmenden Erfahrungen von Polizeipsychologen, Jugendamt und Sozialarbeitern kommen die meisten Rocker und rockerähnlichen Blasen aus den im Soziologenchinesisch als „unterprivilegiert" bezeichneten Schichten, was nicht gleichbedeutend ist mit unteren sozialen Schichten dem Einkommen nach, wohl aber was den niederen Bildungsstand und Gesellschaftsstatus anbelangt. So geschah es beispielsweise gar nicht von ungefähr, daß die Münchner Rockergruppe „Chicagos" einfach den Namen übernommen hat, den andere längst zuvor ihrem Wohnviertel rund um den Giesinger Bahnhof gegeben hatten.

„Was hoaßt hier milieugeschädigt?", entrüstete sich ein verhafteter Münchner Rocker gegenüber einem fragenden Reporter. „I hab a guats Elternhaus: Mei Vatta is gstorbn und mei Muatter arbeit in am Waschsalon." Und der Vater eines von der Polizei gesuchten Bandenmitglieds beteuert die Güte des Elternhauses so: „Wenn i den Burschen vor der Polizei erwisch, dann erschlag ich ihn. I versteh net, wo der die Brutalität her hat!"

Der Zusammenschluß in uniformierten Banden und das auffallend brutale Auftreten jugendlicher Gewalttäter hat meist dort seine Wurzeln, wo die Saat der Gewalt einen fruchtbaren Boden findet. „In Familien, wo der Vater die Mutter watscht und die Kinder prügelt, wo jeder auf den Nächstschwächeren weiterschlägt und Konflikte nur im lauten Streit ausgetragen werden", meint Münchens Jugendamtsleiter Dr. Wittmann, „da ist der Schläger bereits ein Lernmodell. Und wo Nachbarn im gleichen Milieu sich ähnlich verhalten, übernehmen auch gleichaltrige Kinder bereits unter sich das Recht des Stärkeren". An weiteren Lernmodellen für Gewalttätigkeit fehlt es dank Film und Fernsehen ohnehin nicht; prägend sind diese Eindrücke aber dort, wo diese Leitbilder unreflektiert wirken können.

Das Recht des Stärkeren spüren sie auch aus den Abhängigkeiten in zum Teil üblen Mietverhältnissen, in der Schule und im Beruf. „Die enorm hohen Verstöße gegen das Jugendarbeitsschutzgesetz, gegen die sich gerade der geistig Minderbemittelte nicht wehren kann", erklärt ein Jugendpfleger, „sollte man ruhig einmal in Beziehung setzen zu der geringen Achtung, die solche jungen Leute dann gegenüber Recht und Gesetz entwickeln."

Was sich nach Ansicht einer Sozialpädagogin heute bereits besonders drastisch auswirkt, ist das größere Bildungsgefälle unter den Jugendlichen und das wachsende Gefühl des Ausgeschlossenseins bei jenen mit geringerem Bildungsstand. Die schon schwer zu verkraftende Bildungsdistanz wird noch weiter als Benachteiligung empfunden, wenn die Diskrepanz zwischen der täglichen Realität und dem erlebt wird, was die massiv auf Jugendliche zielende Werbung als Statussymbole des Erfolgreichen anpreist. Viele Jugendliche fühlen sich da überfordert, übervorteilt, an den Rand gedrängt und verachtet. Das Rockertum ist ein verzweifelter Versuch, blindlings gegen ein anonymes Unrecht zurückzuschlagen.

„Bezeichnend ist", stellt der Psychologe Gundolf fest, „daß fast alle derartigen Typen in irgendeiner Hinsicht im Leben scheitern oder Angst haben, zu scheitern; die einen auf sexuellem Gebiet, die anderen in Schule oder Beruf, die dritten ganz einfach am Leben selbst. Sie finden keinen Sinn mehr in diesem ihren Dasein, sie sehen keine anstrebenswerten Ziele mehr . . . Es sind durchwegs Schwächlinge, die mit sich selbst nichts anzufangen wissen, es sind häufig auch ausgesprochene Feiglinge, die nur in der Bande Mut zeigen, und es sind sehr oft auch geistig minderbemittelte Menschen, denen wir in den Jugendgefängnissen begegnen." „Weil sie zu schwach sind, um ihre angestauten Aggressionen gegen ihre eigentlichen Zielpersonen abzureagieren", sagt eine Sozialpädagogin, „kuschen sie bei denen und schlagen dafür wahllos Schwächere zusammen."

Keiner soll kneifen

Das Gefühl der Minderwertigkeit, den mangelnden Erfolg und die fehlende Anerkennung kompensieren diese jungen Burschen dann durch Solidarisierung in gesellschaftlichen Randgruppen. Durch die Nachahmung gewalttätiger Idole in Kleidung und Auftreten, durch die Rockeruniform, die dem einzelnen das Gefühl der Dazugehörigkeit zu einer Macht gibt und der Blase garantiert, daß bei einer Schlägerei kein Uniformierter auszukneifen wagt, reagieren sie die gemeinsamen Aggressionen ab. Das Motorrad ist für sie ein Sexsymbol, das sie selbst nicht als Lärminstrument empfinden, sondern als Potenzverstärker, aus dem für alle hörbar das Lied vom starken Mann dröhnt. Und die Rocker genießen es, wenn andere Jugendliche hinter Angst und Verachtung nur schwer die geheime Bewunderung verbergen können für jene, die sich die Freiheiten der „Gesetzlosen" herausnehmen.

Die Rocker fühlen sich leicht schon allein dadurch gereizt, daß ein anderer nach bürgerlichem Leben, nach harmonischem Elternhaus, nach Zufriedenheit und Erfolg aussieht. Ihr rohes Auftreten und ihre Markierung als potentielle Aggressoren macht auch die relativ harmlosen Rocker bei den Bürgern und den übrigen Jugendlichen so gefürchtet, daß sie noch die letzten normalen Kontakte verlieren, von vielen Jugendhäusern ferngehalten werden oder daß dort, wo man sie reinläßt, die „feinen Pinkel" und flotten Mädchen wegbleiben. Durch die so erfahrene Ablehnung und Isolierung, die sie selbst provoziert haben, fühlen sie sich dann meist erneut diskriminiert und fallen über Jugendheime und deren Besucher her.

Einmal straffällig geworden und nach mehreren Straftaten schließlich verhaftet und bestraft, kommen die jungen Leute nach geraumer Zeit wieder aus dem Jugendgefängnis zurück, mit neuen Aggressionen, neuen Erfahrungen und den alten Problemen. Der Teufelskreis des Rockerlebens beginnt von vorne.

Süddeutsche Zeitung, 30. Juni/1. Juli 1973

5. Erkenntnis systemimmanenter Ungerechtigkeiten

5.1 Grundrechte in der Verfassung der DDR von 1968

Bürger und Gemeinschaften in der sozialistischen Gesellschaft
Kapitel 1: Grundrechte und Grundpflichten der Bürger

Artikel 19

(1) Die Deutsche Demokratische Republik garantiert allen Bürgern die Ausübung ihrer Rechte und ihre Mitwirkung an der Leitung der gesellschaftlichen Entwicklung. Sie gewährleistet die sozialistische Gesetzlichkeit und Rechtssicherheit.
(2) Achtung und Schutz der Würde und Freiheit der Persönlichkeit sind Gebot für alle staatlichen Organe, alle gesellschaftlichen Kräfte und jeden einzelnen Bürger.
(3) Frei von Ausbeutung, Unterdrückung und wirtschaftlicher Abhängigkeit hat jeder Bürger gleiche Rechte und vielfältige Möglichkeiten, seine Fähigkeiten in vollem Umfange zu entwickeln und seine Kräfte aus freiem Entschluß zum Wohle der Gesellschaft und zu seinem eigenen Nutzen in der sozialistischen Gemeinschaft ungehindert zu entfalten. So verwirklicht er Freiheit und Würde seiner Persönlichkeit. Die Beziehungen der Bürger werden durch gegenseitige Achtung und Hilfe durch die Grundsätze sozialistischer Moral geprägt.

Artikel 27

(1) Jeder Bürger der Deutschen Demokratischen Republik hat das Recht, den Grundsätzen dieser Verfassung gemäß seine Meinung frei und öffentlich zu äußern. Dieses Recht wird durch kein Dienst- oder Arbeitsverhältnis beschränkt. Niemand darf benachteiligt werden, wenn er von diesem Recht Gebrauch macht.
(2) Die Freiheit der Presse, des Rundfunks und des Fernsehens ist gewährleistet.

Artikel 32

Jeder Bürger der Deutschen Demokratischen Republik hat im Rahmen der Gesetze das Recht auf Freizügigkeit innerhalb des Staatsgebiet der Deutschen Demokratischen Republik.

Verfassung der DDR, hrsg: Nationalrat der Nationalen Front des demokratischen Deutschland, Berlin, 1968; AG 207/293/69.

5.2

REINHART MAURACH

Das Strafrecht des totalitären Staates

Die dunklen Jahre des Dritten Reiches stehen kriminalpolitisch im Zeichen der von der Wissenschaft und höchstrichterlichen Rechtsprechung unternommenen Versuche, dem Zweckstrafrecht, wie der Nationalsozialismus es verstand, die äußerste Schärfe zu nehmen, die Entfesselung der nationalsozialistischen Strafdrohungen, deren Inhalt sich in brutalster Abschreckung zwecks Systemsicherung erschöpfte, durch „berichtigende" (d. h. einschränkende) Auslegung des Strafgesetzes und durch Betonung des *Sühnecharakters* der Strafe zu begrenzen. Eine eigene nationalsozialistische Strafzwecktheorie hat es nicht gegeben. Versuche einzelner mit dem Nationalsozialismus sympathisierender Lehrmeinungen, diesem das Vergeltungsstrafrecht als die ihm gemäße Wesensbestimmung der Strafgewalt nahezulegen, waren von vornherein zum Scheitern verurteilt, denn das Vergeltungsstrafrecht ist die Waffe des liberalen, die Persönlichkeit achtenden Staates. Da die Strafzwecktheorie des nationalsozialistischen Staates sich folgerichtig in Abschreckung und Sicherung hätte erschöpfen müssen, hätte eine derartige Parole den Nationalsozialismus, der (bis auf die letzten Jahre) den Schein der Rechtsstaatlichkeit äußerlich zu wahren suchte, zu sehr bloßgestellt. Daher auch die besondere Betonung des „Sühnegedankens" in den Verlautbarungen des Dritten Reiches. Aber der Name sagte nicht das, was gemeint war. Man sagte Sühne und verstand darunter Ausmerzung des Systemgegners; wer ehrlicher dachte, gab zu, daß sich die Sühne zur bloßen Zweckstrafe gewandelt hatte. Und selbst dort, wo man die Sühne als vergeltende Ausgleichsstrafe hätte erkennen können, setzte man sie auf den zweiten, bedeutungslosen Platz hinter dem beherrschenden „Schutz des Volkes" (d. h. des Systems). So § 1 des Gesetzes vom 4. 9. 41, welcher für den gefährlichen Gewohnheitsverbrecher und den Sittlichkeitsverbrecher die Todesstrafe vorsah, wenn der „Schutz des Volkes es erforderte". Eindeutig beherrschte der Schutzgedanke auch die Gestaltung des Strafvollzuges, und ebenso stellte die (nicht zustande gekommene) Gesamtreform des Strafrechts in der zweiten Fassung des Vorspruches zum StGB den Schutz des Volkes an die Spitze; die Vergeltung spielte nur noch die Rolle eines Statisten; der in ihr liegende Gedanke der Humanität war aus dem „harten" Strafrecht endgültig verschwunden. Dabei handelte es sich hier immer noch um das *Justizstrafrecht* mit gewissen prozessualen und materiellrechtlichen Garantien; dort, wo die Polizeistrafjustiz in Funktion trat, konnte auch diese Verbrämung entfallen. Die vielfältigen Versuche der Wissenschaft, der Verzerrung des Strafrechts zu einem reinen „Systemschutzrecht" entgegenzutreten, bieten heute nur noch historisches Interesse.

Reinhart Maurach, Dt. Strafrecht, Allgemeiner Teil, 4. Auflage, Karlsruhe, C. F. Müller 1971, S. 74

5.3 Soziale Ungerechtigkeit in der Dritten Welt
Vier Gedichte über die Lage in Lateinamerika

PABLO NERUDA: Eufrosino Ramirez (Casa Verde, Chuquicamata)

Wir mußten die heißen Kupferplatten
mit den Händen anfassen und sie der mechanischen
Schaufel übergeben. Sie kamen fast glühend heraus
und wogen schwer wie die Welt. Wir schafften erschöpft
die Erzplatten fort, manchmal
fiel uns eine auf den Fuß und zermalmte ihn,
auf eine Hand und ließ einen Armstumpf zurück.
Kamen die Yankees und sagten: „Wenn ihr schneller macht,
könnt ihr früher heimgehn."
Mit Müh und Not, bloß um früher rauszukommen,
haben wir's getan. Aber da kamen sie wieder an:
„Jetzt arbeitet ihr weniger, also sollt ihr auch weniger verdienen."
Da kam es zum Streik in Casa Verde, zehn Wochen
Streik, und als wir an die Arbeit zurückkehrten,
warfen sie mich unter dem Vorwand: Wo ist dein Werkzeug?
auf die Straße. Sehen Sie sich diese Hände an,
es sind nur noch Schwielen von all dem Kupfer,
hören sie mein Herz, hören Sie nicht, wie es
zum Zerspringen klopft? Das Kupfer zermalmt es,
ich kann mich kaum noch von einem Ort zum andern bewegen,
hungrig, auf der Suche nach Arbeit, die ich nicht finde:
seht, gekrümmt lauf ich herum und schleppe noch immer
das unsichtbare Kupfer, das mich tötet.

NICOLÁS SUESCUN: Eine Dame der Gesellschaft über ihre Besuche in den Elendsvierteln

Der schönste Lohn
für all diese Dinge, die ich tue
– die Besuche in den Armenvierteln –,
ist für mich die spontane und aufrichtige
Dankbarkeit der unteren Schichten,
die bewegte Geste zum Beispiel
einer einfachen Frau, die mir
einen grünen Apfel reicht
mit den Worten:
„Nehmen Sie, Señora Marina,
und geben Sie ihn Ihren schönen Kinderchen,
und was Sie alles für uns tun,
das vergelt' Ihnen Gott,
das vergelt' Ihnen Gott!"

NICOLAS SUESCUN: Prosa

Juan José konnte mit einem Jahr sprechen,
Carmen mit drei,
Gladis kam nicht dazu.
Serafín konnte mit anderthalb Jahren gehen,
Joaquín kam gelähmt auf die Welt,
José María hat nie geschrien,
auch Esteban nicht,
auch Marcos nicht.
Rafael hat alle Krankheiten gehabt,
Jaime spielt mit dem Hund,
Stella ist gerade aus dem Bett gefallen,
Concepción, ihre Mutter, hebt sie auf.
Das Bücken fällt ihr schwer
im achten Monat.

FLORIDOR PÉREZ: Leben (Präsensform)

Ich lebe
Du wirst fett
Er schwitzt
Wir werden alt
Ihr werdet reich
Sie sterben

Heinz G. Schmidt (Hrsg.): Lesebuch Dritte Welt, Hammer-Verlag, Wuppertal 1974

CAROLINA MARIA DE JESUS

Aus dem „Tagebuch der Armut"

21. Mai: Gestern aß ich die Nudeln aus dem Abfall und hatte Angst zu sterben, weil ich 1953 bei Zinho Alteisen verkaufte.
Da war ein hübscher kleiner Neger. Er verkaufte bei Zinho Alteisen. Er war jung und sagte, die Alten müßten Papier sammeln. Eines Tages wollte ich Alteisen verkaufen und hielt mich in der Avenida Bom Jardim auf. Im großen Abfallhaufen, wie die Stelle genannt wird. Die Leute von der Straßenreinigung hatten Fleisch in den Abfallhaufen geworfen. Er suchte ein paar Stücke heraus und sagte zu mir:
„Nimm mit, Carolina. Das kann man essen."
Er gab mir ein paar Stücke. Um ihm nicht weh zu tun, nahm ich sie an. Ich versuchte ihn zu überreden, das Fleisch nicht zu essen. Er sollte die von den Mäusen angenagten alten Brötchen essen. Er lehnte ab. Seit zwei Tagen habe er nicht gegessen. Er zündete ein Feuer an und briet das Fleisch. Der Hunger war so groß, daß er nicht darauf warten konnte, bis das Fleisch gebraten war. Er wärmte es und aß. Um das Schauspiel nicht sehen zu müssen, ging ich fort und

dachte: tu so, als ob du das nicht gesehen hast. Das kann nicht wahr sein in einem so fruchtbaren Lande wie dem meinigen. Ich lehnte mich gegen den sogenannten Sozialdienst auf, von dem man behauptet, daß er geschaffen worden ist, um die Entgleisten wieder auf das richtige Geleise zu bringen, aber der von dem traurigen Dasein der am Rande Lebenden keine Kenntnis nimmt. Ich verkaufte bei Zinho das Alteisen und kehrte zu dem Hinterhof São Paulos, der Favela, zurück. Am nächsten Tage war der kleine Neger tot. Seine Zehen waren gespreizt. 20 Zentimeter weit. Er war geschwollen, als sei er aus Gummi. Die Zehen ähnelten einem Fächer. Er hatte keine Papiere bei sich. Er wurde als Unbekannter begraben. Niemand bemühte sich, seinen Namen zu erfahren. Wer am Rande des Daseins lebt, hat keinen Namen.

. . . Ich fand im Abfall einen *cará,* eine Patate und eine Kartoffel. Als ich in der Favela ankam, nagten meine Kinder an einem Stück harten Brot. Ich dachte: um dieses Brot essen zu können, müßten sie elektrische Zähne haben. Ich hatte keine Fett. Ich setzte das Fleisch mit ein paar Tomaten auf, die ich bei der Fábrica Peixe gesammelt habe. Ich setzte den cará und die Kartoffel auf. Und Wasser. Als es kochte, gab ich die Nudeln hinein, die die Kinder im Abfall gesammelt haben. Die Bewohner der Favela überzeugen sich allmählich davon, daß sie, um leben zu können, es den Raben nachmachen müssen.

22. Mai: . . . Die Kinder essen viel Brot. Sie mögen gern weiches Brot. Aber wenn keines da ist, essen sie hartes. Das Brot, das wir essen, ist hart. Das Bett, in dem wir schlafen, ist hart. Das Leben des Favela-Bewohners ist hart. Oh! São Paulo, Königin, die du eitel deine goldene Krone aus Wolkenkratzern trägst, die du dich in Samt und Seide kleidest und an den Füßen Baumwollstrümpfe, die Favela, trägst.

. . . Das Geld reicht nicht, um Fleisch zu kaufen; ich kochte Nudeln mit Mohrrüben. Ich hatte kein Fett; es schmeckte schrecklich. Vera ist die einzige, die mehr haben will. Und sie bittet mich: „Mutti, verkauf mich doch an Dona Julita, denn dort gibt es Essen, das schmeckt."

4. Juli: . . . Als ich durch die Rua Eduardo Chaves ging, rief mich eine Dame und gab mir ein paar Aliminiumtöpfe, Papier und ein Kilo Feisch für Vera, die ihr gesagt hatte, sie wolle ihr Bett zum Markt tragen und dort wohnen. Weil es dort viele gute Dinge zum Essen gibt. Sie möge gern Fleisch und wolle einen Schlachter heiraten. Ich habe schon bemerkt, daß meine Tochter sich auflehnt. Sie ist entsetzt darüber, in der Favela zu wohnen.

. . . Ich habe die Wäsche eingeseift. Dann ging ich zum See, um zu Ende zu waschen. Der Gesundheitsdienst hat gesagt, daß das Wasser des Sees die Schnekkenkrankheit überträgt. Sie haben uns etwas erzählt, was wir nicht wußten. Aber damit ist die Frage des Wassers nicht gelöst.

Dona Rosa baut jetzt noch eine Bretterbude und hat die andere vermietet, in der sie wohnte. Das ist die Bretterbude, in der Senhor Francisco wohnt . . . Ich war entsetzt über die Schlechtigkeit der Dona Rosa . . . Sie weiß, daß sie hier in der Favela keine Bretterbuden vermieten darf. Aber sie vermietet welche. Sie ist die schlimmste Hauswirtin, die ich je im Leben gesehen habe. Warum hat wohl kein Armer Mitleid mit dem anderen?

6. Juli: . . . Ich habe den Reis und die Fische gewärmt und habe sie den Kindern gegeben. Dann ging ich Holz sammeln. Anscheinend bin ich auf die Welt gekommen, um zu sammeln. Nur Glück sammele ich nicht.

. . . Es ist halb sechs. Pater Luís kommt, um hier in der Favela einen Film vorzuführen. Man hat schon die Leinwand aufgestellt, und die Leute der Favela sind alle anwesend. Die Leute aus den festen Häusern in der Nähe der Favela sagen, daß sie nicht verstehen, wie gebildete Leute sich überhaupt um das Volk kümmern können.

8. Juli: . . . Ich denke an das traurige Leben und an die Worte des Pater Luís, der uns sagt, wir müßten demütig sein. Ich denke: wenn Pater Luís verheiratet wäre und Kinder hätte und den Mindestlohn verdienen würde, dann möchte ich sehen, ob Pater Luís demütig wäre. Gott schätze nur diejenigen, die resigniert leiden. Wenn der Pater sähe, daß seine Kinder verdorbene Lebensmittel äßen, die sonst nur Raben und Mäuse fressen, würde er sich auch auflehnen, denn die Auflehnung wird aus der Bitternis geboren.

Carolina Maria de Jesus, Tagebuch der Armut. Christian Wegner Verlag, Hamburg 1962

ZAHLEN

- In *Venezuela* haben 3 Prozent der Bevölkerung ein Einkommen von 300 000 Dollar, 12 Prozent ein Einkommen zwischen 8000 und 150 000 Dollar und 85 Prozent ein Einkommen von noch nicht einmal 150 Dollar im Jahr.
- In *Venezuela* besitzen 3 Prozent der Bevölkerung rund 90 Prozent des Bodens.
- In *Chile* und *Brasilien* waren es bis vor kurzem 2 Prozent der Bevölkerung, denen 50 Prozent des anbaufähigen Bodens gehörte.
- In *Paraquay* ist das Mißverhältnis am krassesten sichtbar. Dort besitzen ein fünftel Prozent der Landwirte mehr als 75 Prozent des nutzbaren Acker- und Weidelandes.
- Die berufstätige Bevölkerung *Chiles* wird mit 2,8 Millionen Menschen angegeben. Davon verdienen nach neuesten Statistiken 52 Prozent weniger als das offiziell festgesetzte Mindesteinkommen von 3,28 Mark pro Tag. Dagegen erhalten 6 Prozent der Berufstätigen in Chile 28,3 Prozent des Gesamteinkommens.
- Zur Zeit noch verfügen 4 Prozent der gesamten Bevölkerung des lateinamerikanischen Kontinents über 50 Prozent des Volkseinkommens.
- In Lateinamerika fehlen zur Zeit 16 Millionen Wohnungen. Darüber hinaus gibt es mehr als 8 Millionen Elendswohnungen in den Slums, die eigentlich ersetzt und abgerissen werden sollten.
- In *Santiago de Chile* gibt es in den Elendsvierteln der Stadt eine „Bevölkerungsdichte“ von vier Personen pro Zimmer. In Hütten mit einem, höchstens zwei Zimmern wohnen 7 bis 12 Personen.
- In *Brasilien* besuchen von mehr als 14 Millionen Kindern im schulpflichtigen

Alter mindestens 4 Millionen keine Schule. Es fehlen rund 100 000 Klassenräume. *„Misereor aktuell"*

Dr. Hans Heumann (Hrsg.) Die Länder der Dritten Welt Aufgabe der Zukunft. Quellentexte zur Zeitgeschichte für die Schule. Hirschgraben Verlag, Frankfurt/Main 2. Verbesserte Auflage 1974

5.4

LUC JOCHIMSEN

Lohnungleichheit

Das Lügenmärchen von den Leichtlohngruppen

Sie ist Arbeiterin, 28 Jahre alt, angelernt, seit 10 Jahren im gleichen Betrieb, eingesetzt an halbautomatischen Maschinen, Lohngruppe IV, Bruttostundenverdienst 5,20 DM.
Arbeiterin ist sie. Die Endung ist wichtig. Denn die Arbeiter im gleichen Betrieb sind in die Lohngruppen VII–IX eingestuft, Bruttostundenverdienst zwischen 6,35 DM und 7,82 DM.
Sie aber ist Arbeiterin. Was das bedeutet, ist ihr so richtig erst klargeworden, als es die Produktion erforderte, daß an den halbautomatischen Maschinen in zwei Tagesschichten gearbeitet werden mußte. Da ist sie – Arbeiterin in Lohngruppe IV – von einem Kollegen – Arbeiter in Lohngruppe VII – abgelöst worden. Die Arbeit blieb die gleiche. Der Lohnunterschied betrug 1,15 DM pro Stunde. Da hat sie angefangen zu rechnen:
1,15 DM Lohnunterschied pro Stunde heißt: 9,20 DM weniger am Tag. 46,00 DM weniger in der Woche, 184,00 DM weniger im Monat, 2392,00 DM weniger im Jahr.
1,15 DM Lohnunterschied pro Stunde heißt: weniger Krankengeld, weniger Altersversorgung, weniger Invalidenrente.
Das hat sie sich ausgerechnet. Und dann hat sie den Arbeitskollegen gefragt: „Was machst du sonst, wenn du mich nicht hier an dieser Maschine für die zweite Schicht ablöst?"
Da hat der Kollege geantwortet: „Da mach ich dasselbe an einer Maschine in der Halle nebenan." Da ist ihr sozusagen ein Scheinwerfer aufgegangen.
Weil gerade Wahlkampf war und alle Politiker davon redeten, daß mit der Gleichberechtigung der Frauen jetzt endlich Enrst gemacht werden müßte und Annemarie Renger öffentlich das Angebot machte, liebend gern für eine Frau einen Musterprozeß vorm Arbeitsgericht zu führen, um endlich „gleichen Lohn für gleichwertige Arbeit" durchzusetzen in diesem Land, hat die Arbeiterin diesen ihren „Fall" aufgeschrieben und nach Bonn geschickt. Mit der Frage: „Was kann eine Freu in meiner Situation tun, damit diese Ungerechtigkeit aufhört?"
Das war im Herbst 1972. Die Politiker reden inzwischen nicht mehr von der Gleichberechtigung der Frau. Annemarie Renger ist inzwischen Bundestagsprä-

sidentin geworden. Die Arbeiterin in Lohngruppe IV arbeitet und verdient weiter dasselbe wie bisher. Neben ihr haben sich noch 39 andere Frauen gemeldet, um in einem Musterprozeß ihre wirtschaftliche Diskriminierung unter Beweis zu stellen. Die Frage, was die Frauen tun können, damit die Ungerechtigkeit aufhört, ist zu beantworten.

Bei Männern ist es Schwerarbeit

Im Jahre 1871 forderten die Weber in Glauchau zum erstenmal „gleichen Lohn für gleiche Arbeit!" Niemand nimmt das ernsthaft zur Kenntnis. 1882 wird in der Industrie der „Frauenlohn" in Form eines Regelsatzes festgelegt. Frauenlohn ist 66 Prozent vom Männerlohn. Wieso 66 Prozent? Ganz einfach: weil Frauen nur zwischen 60 und 70 Prozent der männlichen Körperkraft besitzen. Die Gleichung lautet: $^2/_3$ Körperkraft gleich $^2/_3$ Lohn. Das klingt ganz gerecht. Allerdings nur so lange, wie man nicht fragt: Ist Arbeit gleich 100 Prozent Körperkraft? Diese Gleichung stimmt nämlich nicht. Sie stimmte schon vor hundert Jahren nicht und stimmt heute noch nicht mal mehr annäherungsweise.

Arbeitsmediziner gehen davon aus, daß Männer unter den Produktionsbedingungen vor hundert Jahren normalerweise 50 bis 60 Prozent ihrer Körperkräfte im Arbeitsprozeß einsetzen mußten – heute normalerweise kaum mehr als 20 bis 30 Prozent. Die Körperkraft als Berechnungsbasis für Arbeitsleistung ist entweder ein alter Hut, ein Gedankenfehler, ein Trick, ein Ideologierest aus der Rumpelkammer der Weiblichkeitsbiologie oder von allem etwas, jedenfalls aber unrealistisch und ungerechtfertigt. Aber zählebig!

Deshalb: weiter mit der Geschichte, der Tradition vom Frauenlohn:

1896 fordern die Sozialdemokraten „gleichen Lohn für gleiche Arbeit". Die Unternehmer nehmen überhaupt keine Kenntnis davon. 1911 verdienen die Frauen in der Industrie wie in den ersten Angestelltenberufen 66 Prozent dessen, was Männer verdienen. 1919 ruft Klara Zetkin die Frauen auf, für „gleichen Lohn bei gleicher Arbeit!" zu kämpfen. 1925 verdienen die Frauen nach wie vor ein Drittel weniger als die Männer. Einerlei ob Arbeiterin, Angestellte, Beamtin.

1949 fordert das Grundgesetz der Bundesrepublik Deutschland in Artikel 3: „Mann und Frau sind gleichberechtigt. Niemand darf wegen seines Geschlechts . . . benachteiligt werden . . ."

1953 gibt es immer noch „Frauenlöhne" – die überwiegende Mehrheit der Frauen verdient 66 Prozent des Männerlohnes. 1956 erklärt ein Arbeitsgericht die „Frauenlöhne" für grundgesetzwidrig. Auflagen werden gemacht, die die Arbeitgeber zwingen, „Frauenlöhne" stufenweise abzuschaffen. Damit ist die fast hundertjährige Geschichte des „Frauenlohns" per Gerichtsbeschluß beendet, offiziell.

Ab 1956 wird also Arbeit nicht mehr daran gemessen, ob sie von Männern oder Frauen ausgeübt wird – sondern daran, ob sie „leicht" oder „schwer" ist. Deshalb gibt es von nun an nicht mehr „Männerlohn" und „Frauenlohn", sondern „Lohngruppen" und „Leichtlohngruppen". Wenn die Sache nicht so bitter für Millionen Frauen wäre, könnte man sie eigentlich nur in Form einer Groteske erzählen. Zum Beispiel so:

Ich bin Kermit der Frosch. Ich halte euch heute einen Vortrag über *Leicht* und *Schwer,* „leicht- und „schwer" bei der Arbeit – oder auch „leichte Arbeit" und „schwere Arbeit". Also, das ist ganz einfach: leichte Arbeit ist immer da anzutreffen, wo Frauen arbeiten.
Zum Beispiel: 12 000 Furniere schichten pro Arbeitstag – wenn Frauen das tun, ist es leichte Arbeit – Verdienst 4,86 DM pro Stunde. Aber: 12 000 Furniere schichten – wenn Männer das tun, ist es schwere Arbeit – Verdienst: 5,75 DM por Stunde.
Oder: „Eine Durchzugsschachtel verpackungsbereit machen". Das geht so: Zuschnitt im Arbeitsbereich; Lasche hochstellen; ersten Falz bilden; ersten Falz glätten; zweiten Falz bilden; zweiten Falz glätten; Schachtel aufnehmen; Schachtel aufrichten; Lasche einstecken und durchziehen, wegstellen. Diese Verrichtungen 360mal in der Stunde, oder 2700mal am Tag. Es handelt sich um leichte Arbeit, Frauenarbeit. Genau wie das Testen von 15 000 Glühlampen pro Arbeitstag, 1250mal Halbautomaten öffnen und schließen, 2500 Plastik-Radio-Blenden nehmen, entgraten, einsetzen. Alles typische Frauenarbeit und ganz leicht. Beispiel für leicht – wie es leichter gar nicht geht . . .

Untersuchung im Bundestag gefordert

Auf diese Weise wurde die Forderung „Gleicher Lohn für gleiche Arbeit" von den Arbeitgebern beantwortet: durch die Schaffung von Leichtlohngruppen. Und als die ersten Gehalts- und Lohnstrukturerhebungen vorlagen – nach dem Arbeitsgerichtsurteil von 1956 –, da befanden sich fast bis auf die Zahl hinter dem Komma alle jene Arbeitnehmer in Leichtlohngruppen, die vorher „Frauenlöhne" erhalten hatten. Mit anderen Worten: Ein Austausch von Bezeichnungen hat stattgefunden, der Einkommensabstand zwischen Männern und Frauen blieb, wie er immer war. Die Schere verändert sich nicht, der Abstand zwischen dem, was Männer und was Frauen hierzulande verdienen, wird seitdem nicht geringer; die magische Differenz von fast einem Drittel bleibt.
Und zwar nicht nur, wenn man die Durchschnittseinkommen weiblicher Arbeiter mit denen männlicher Arbeiter vergleicht oder weiblicher Angestellter mit denen männlicher Angestellter, oder auch innerhalb bestimmter Branchen, zum Beispiel weiblicher Beschäftigter im Einzelhandel mit denen männlicher Beschäftigter im Einzelhandel, sondern eben auch und gerade, wenn man innerhalb der sogenannten Leistungsgruppen vergleicht.
Wie man es dreht und wendet, die Unterbezahlung der Frauen bleibt, auch wenn aus der offenen Diskriminierung unter dem Namen „Frauenlohn" die verdeckte Diskriminierung unterm Namen „Leichtlohngruppe" geworden ist.
Im März 1973 haben die Abgeordneten Eilers, Lepsius, Schlei, Funcke, Schuchardt im Bundestag gefragt: „Wann rechnet die Bundesregierung damit, daß zwischen den Tarifvertragsparteien eine Einigung darüber erzielt werden kann, nach welcher Methode die von der Bundesregierung angekündigte Untersuchung durchgeführt werden soll?"
Leichtlohngruppen gemeint. Eine Untersuchung, die nun schon seit drei Jahren

durchgeführt werden soll, um zu klären, ob Leichtlohngruppen Frauenlohngruppen unter anderem Namen sind oder nicht.

Musterprozeß für Arbeiterinnen

Die Bundesregierung hat auf die Kleine Anfrage der Parlamentarierinnen geantwortet, daß leider noch keine Einigung über eine Untersuchung dieser Frage erzielt werden konnte, daß man sich auf keine Untersuchungsmethode einigen könne, um zu untersuchen, welche Arbeit „leicht", welche „schwer", welche Arbeiten vor allem „gleichwertig" sind. Denn dies ist das Problem: gleichwertig ist so leicht zu bestreiten und so schwer zu beweisen. Wenigstens dann, wenn man die Macht hat, eine Untersuchung nicht anzuerkennen und eine Analyse so wenig zu akzeptieren wie die Forderung „Gleichen Lohn für gleiche Arbeit" – bis es einen Gerichtsbeschluß gibt.
Die Bundesregierung empfiehlt den Tarifpartnern übrigens, die Leichtlohngruppen überhaupt abzuschaffen, anstatt sie auf ihre Gleichwertigkeit zu untersuchen.
Auf diese Weise würden die Leichtlohngruppen zwar abgeschafft; die Diskriminierung der Frau am Arbeitsplatz ginge jedoch unter einem anderen Namen weiter. Die Lohndifferenz würde bleiben und damit die Verbreitung der Lüge von der Leistungsgesellschaft, an deren Segnungen alle in gleicher Weise teilhaben.
Wenn es zu keinem Musterprozeß für Arbeiterinnen in Lohngruppe IV kommt und es keine Untersuchungsmethoden über die Arbeitsgleichwertigkeit gibt, auf die sich die Tarifpartner einigen können, bleibe nur noch die Zuflucht zu einem Streik aller arbeitenden, unterbezahlten und diskriminierten Frauen. Das sind zur Zeit 9,5 Millionen.

DS-Aktuell 3. *Deutsches Allgemeines Sonntagsblatt* Nr. 29, 22. Juli 1973

6. Theorien zur Abhilfe systemimmanenter Ungerechtigkeiten

6.1

IMMANUEL KANT

Revolution oder Evolution

Ein Patient, den sein Arzt von Tag zu Tag auf baldige Genesung vertröstete: den einen, daß der Puls besser schlüge; den anderen, daß der Auswurf, den dritten, daß der Schweiß Besserung verspräche, usw., bekam einen Besuch von seinem Freunde. Wie geht's, Freund, mit eurer Krankheit? war die erste Frage. Wie wird's gehen? Ich sterbe für lauter Besserung.

Die Revolution eines geistreichen Volks, die wir in unseren Tagen haben vor sich gehen sehen, mag gelingen oder scheitern; sie mag mit Elend und Greueltaten dermaßen angefüllt sein, daß ein wohldenkender Mensch sie, wenn er sie, zum zweitenmale unternehmend, glücklich auszuführen hoffen könnte, doch das Experiment auf solche Kosten zu machen nie beschließen würde – diese Revolution, sage ich, findet doch in den Gemütern aller Zuschauer (die nicht selbst in diesem Spiele mit verwickelt sind) eine Teilnehmung dem Wunsche nach, die nah an Enthusiasm grenzt, und deren Äußerung selbst mit Gefahr verbunden war, die also keine andere, als eine moralische Anlage im Menschengeschlecht zur Ursache haben kann.

Ein mit Freiheit begabtes Wesen kann und soll also, im Bewußtsein dieses seines Vorzugs vor dem vernunftlosen Tier, nach dem formalen Prinzip seiner Willkür, keine andere Regierung für das Volk, wozu es gehört, verlangen, als eine solche, in welchem dieses mit gesetzgebend ist: d. i. das Recht der Menschen, welche gehorchen sollen, muß notwendig vor aller Rücksicht auf Wohlbefinden vorhergehen, und dieses ist ein Heiligtum, das über allen Preis (der Nützlichkeit) erhaben ist, und welches keine Regierung, so wohltätig sie auch immer sein mag, antasten darf.

Aber dieses Recht ist doch immer nur eine Idee, deren Ausführung auf die Bedingung der Zusammenstimmung ihrer Mittel mit der Moralität eingeschränkt ist, welche das Volk nicht überschreiten darf; welches nicht durch Revolution, die jederzeit ungerecht ist, geschehen darf.

Kant: Der Streit der Fakultäten. Abschn.: Ob das menschliche Geschlecht im beständigen Fortschreiten zum Besseren sei

Kant, Werke Suhrk. XI, S. 357–360 (Von einer Begebenheit unserer Zeit, welche diese moralische Tendenz des Menschengeschlechtes beweiset.)

In welcher Ordnung allein kann der Fortschritt zum Besseren erwartet werden?

Die Antwort ist: nicht durch den Gang der Dinge von unten hinauf, sondern den von oben herab . . . wozu wohl gehören möchte, daß der Staat sich von Zeit zu Zeit auch selbst reformiere, und statt Revolution, Evolution versuchend, zum Besseren beständig fortschreite.

Volksaufklärung ist die öffentliche Belehrung eines Volkes von seinen Pflichten und Rechten in Ansehung des Staates, dem es angehört. Weil es hier nur natürliche und aus dem gemeinen Menschenverstande hervorgehende Rechte betrifft, so sind die natürlichen Verkündiger und Ausleger derselben im Volke nicht die vom Staat bestellten, amtsmäßigen, sondern freie Rechtslehrer, d. i. die Philosophen, welche eben um dieser Freiheit willen, die sie sich erlauben, dem Staate, der immer nur herrschen will, anstößig sind, und werden unter dem Namen Aufklärer, als für den Staat gefährliche Leute verschrieen; obzwar ihre Stimme nicht vertraulich ans Volk (als welches davon und von ihren Schriften wenig oder gar keine Notiz nimmt), sondern ehrerbietig an den Staat gerichtet, und dieser jenes sein rechtliches Bedürfnis zu beherzigen angefleht wird; welches durch keinen anderen Weg als den der Publizität geschehen kann, wenn ein ganzes Volk seine Beschwerde (gravamen) vortragen will. So verhindert das Verbot der Publizität den Fortschritt eines Volkes zum Besseren, selbst in dem, was das mindeste seiner Forderung, nämlich bloß sein natürliches Recht angeht.

Kant, Werke XI, S. 362/3 u. 366/7

Daher kann ein Volk nur langsam zur Aufklärung gelangen. Durch eine Revolution wird vielleicht wohl ein Abfall von persönlichem Despotism und gewinnsüchtiger oder herrschsüchtiger Unterdrückung, aber niemals wahre Reform der Denkungsart zu Stande kommen, sondern neue Vorurteile werden, eben sowohl als die alten, zum Leitbande des gedankenlosen großen Haufens dienen.

Kant: Beantwortung der Frage: Was ist Aufklärung
Immanuel Kant, Werke XI, Suhrkamp Verlag Frankfurt a. M., S. 54/5

6.2

ALBERT CAMUS

Die metaphysische Revolte

„Die metaphysische Revolte ist die Bewegung, mit der ein Mensch sich gegen seine Lebensbedingung und die ganze Schöpfung auflehnt. Sie ist metaphysisch, weil sie die Ziele des Menschen und der Schöpfung bestreitet. Der Sklave protestiert gegen das Leben, das ihm innerhalb seines Standes bereitet ist, der metaphysisch Revoltierende gegen das Leben, das ihm als Mensch bereitet ist. Der aufständische Sklave behauptet, daß es in ihm etwas gäbe, welches mitnichten die Behandlung seines Herrn erdulde; der metaphysisch Revoltierende erklärt sich von der Schöpfung betrogen. Für den einen wie für den andern handelt es sich nicht nur um eine Verneinung schlechthin. In beiden Fällen wird in der Tat ein Werturteil abgegeben, in dessen Namen der Revoltierende die Billigung seiner Lebensbedingung verweigert.
Der Sklave, der sich gegen einen Herrn erhebt, denkt nicht daran, diesen Herrn als Menschen zu leugnen. Er leugnet ihn als Herrn. Er bestreitet sein Recht, ihn,

den Sklaven, als Forderung zu leugnen. Der Herr fällt gerade in dem Maß, wie er diese eine Forderung nicht beantwortet. Wenn die Menschen sich nicht auf einen gemeinsamen Wert beziehen können, der von allen in jedem erkannt wird, ist der Mensch dem Menschen unverständlich. Der Rebell fordert, daß dieser Wert klar und deutlich in ihm anerkannt werde, da er vermutet oder weiß, daß ohne dieses Prinzip Unordnung und Verbrechen auf der Welt herrschen würde. Die Bewegung der Revolte erscheint bei ihm als eine Forderung nach Klarheit und Einheit. Selbst der primitivste Aufstand drückt paradoxerweise das Streben nach Ordnung aus.
Die Geschichte der metaphysischen Revolte kann . . . nicht mit derjenigen des Atheismus verwechselt werden. Unter einem bestimmten Gesichtspunkt fällt sie sogar zusammen mit der heutigen Geschichte des religiösen Gefühls. Der Revoltierende fordert eher heraus, als daß er leugnet. Am Anfang wenigstens beseitigt er Gott nicht, er spricht einzig als Ebenbürtiger mit ihm. Doch handelt es sich nicht um ein höfliches Zwiegespräch. Es handelt sich um eine Polemik mit dem Wunsch zu siegen. Der Sklave fordert zu Beginn Gerechtigkeit und am Ende die Herrschaft. Es drängt ihn, nun seinerseits zu herrschen. Der Aufstand gegen sein Leben wächst zu einem maßlosen Feldzug gegen den Himmel aus mit dem Ziel, von dort einen König als Gefangenen einzubringen, dessen Thronverlust und Todesurteil man nacheinander aussprechen wird. Die Rebellion des Menschen endet als metaphysische Revolution. Ihr Weg führt vom Scheinen zum Handeln, vom Dandy zum Revolutionär. Ist der Thron Gottes einmal umgestürzt, erkennt der Aufrührer, daß es nun an ihm ist, jene Gerechtigkeit, jene Ordnung und Einheit, die er vergeblich auf seiner Lebensstufe gesucht hat, mit eigenen Händen zu erschaffen und damit die Absetzung Gottes zu rechtfertigen. Dann wird eine verzweifelte Anstrengung beginnen, falls nötig um den Preis des Verbrechens, das Reich des Menschen zu gründen. Das wird nicht ohne schreckliche Folgen geschehen, deren wir erst einige kennen.

Albert Camus: Der Mensch in der Revolte. Reinbek: Rowohlt 1953, S. 208 ff.

6.3

HERBERT MARCUSE

Ethik und Revolution

Der Zwang wird notwendig auf Grund der unmoralischen, repressiven Verhältnisse, unter denen die Menschen leben. Der Grundgedanke ist: Wie können Sklaven, die nicht einmal wissen, daß sie Sklaven sind, sich befreien? Wie können sie sich aus eigener Kraft, durch ihre eigenen Fähigkeiten befreien? Wie können sie spontan eine Befreiung erwirken? Sie müssen gelehrt und gelenkt werden, frei zu sein, und das um so mehr, je nachdrücklicher die Gesellschaft, in der sie leben, alle verfügbaren Mittel anwendet, ihr Bewußtsein zu modeln und zu praeformieren und sie gegen mögliche Alternativen immun zu machen. Diese Idee einer erzieherischen vorbereitenden Diktatur ist heute zu einem inneren Bestandteil der Revolution und der Rechtfertigung revolutionärer Unterdrückung geworden. Die Diktaturen, die als revolutionäre Diktatur begannen und sich dann perpetuierten, behaupten, ihrem ganzen Wesen und ihrer Struktur nach ein Übergang und eine Vorbereitung für eine Stufe zu sein, auf der sie kraft ihrer eigenen Errungenschaften abgeschafft werden können.

Moral am Schlußpunkt

Im Sinne absoluter Sittlichkeit, das heißt im Sinne übergeschichtlicher Geltung, gibt es keinerlei Rechtfertigung für Unterdrückung und Aufopferung um künftiger Freiheit und künftigen Glücks willen, weder für noch gegen die Revolution. Aber historisch stehen wir vor einer Unterscheidung und einer Entscheidung. Denn Unterdrückung und Aufopferung werden täglich von allen Gesellschaften erheischt, und man kann nicht anfangen – und dies möchte ich mit dem größtmöglichen Nachdruck sagen – man kann nicht anfangen, moralisch und ethisch zu werden an einem willkürlichen aber zweckmäßigen Schlußpunkt: dem Punkt der Revolution. Wer kann die von einer bestehenden Gesellschaft geforderten Opfer quantifizieren und mit jenen vergleichen, die von ihrer Umwälzung gefordert werden? Sind zehntausend Opfer sittlicher als zwanzigtausend?

Voraussetzung: Gewalt

Das Verhältnis von Mittel und Zweck ist das ethische Problem der Revolution. In gewissem Sinne rechtfertigt der Zweck die Mittel, dann nämlich, wenn sie nachweislich den menschlichen Fortschritt in Freiheit fördern. Dieser legitime Zweck, der einzige legitime Zweck, erfordert die Schaffung von Verhältnissen, die seine Verwirklichung erleichtern und begünstigen würden. Und das Schaffen dieser Verhältnisse kann Opfer rechtfertigen, wie es die ganze Geschichte hindurch Opfer gerechtfertigt hat. Aber diese Beziehung zwischen Mitteln und Zwecken ist eine dialektische. Der Zweck muß in den repressiven Mitteln, ihn zu erreichen, am Werk sein. Auch dann setzten die Opfer Gewalt voraus – die gewaltlose Gesellschaft bleibt die Möglichkeit einer geschichtlichen Stufe, die erst zu erkämpfen ist.

Herbert Marcuse, Ethik und Revolution, In: Kultur und Gesellschaft, Band 2, Suhrkamp Verlag Frankfurt a. M.

7. Frieden

7.1

OTTO CZEMPIEL

Frieden als Prozeß

Ein Grundproblem der Friedensforschung ist der Friedensbegriff selbst, auf den die theoretischen und praxeologischen Fragestellungen ausgerichtet sind. Die herkömmliche Friedensforschung verstand Frieden als Kriegsverhütung, als Eindämmung und Vermeidung von Konflikten, als Konfliktschlichtung und Sicherung des Friedens durch territoriale Abgrenzung von Herrschafts- und Interessenbereichen. Dieses Friedensverständnis ging von dem Bild eines zwar gefährdeten, aber noch erträglichen Zustands des internationalen Systems aus und begnügte sich daher mit der Verhinderung manifester Gewalt. Es ist nicht zu übersehen, daß diese Forschungsansätze in den westlichen Industriestaaten entwickelt wurden, als die Zusammenhänge zwischen den Kriegen und Bürgerkriegen in der Dritten Welt mit der Machtpolitik der Großmächte noch nicht klar erkannt wurden, ebenso wenig wie die Interdependenz innergesellschaftlicher und internationaler Konflikte.
Die Unschärfe dieses Friedensverständnisses hat J. Galtung durch eine *negative Definition von Frieden* geklärt: „Friede ist ein Zustand innerhalb eines Systems größerer Gruppen von Menschen, besonders Nationen, bei dem keine organisierte kollektive Anwendung oder Drohung von Gewalt stattfindet." Indem Galtung zwischen Anwendung und Drohung mit Gewalt unterscheidet, weist er auf jene Gewaltstrukturen im internationalen und innergesellschaftlichen Bereich hin, die für das Bewußtsein der Öffentlichkeit noch verborgen waren. Die durch ihn angeregte Diskussion des Gewaltbegriffes ermöglichte eine Verständigung darüber, daß der „negative" von einem „positiven" Friedensbegriff zu unterscheiden ist. *Positiv qualifizierter Friede* muß mit Zielwerten wie Gerechtigkeit, Freiheit, Sicherheit, Humanität verbunden werden. Eine Polarisierung zwischen den Forschungsrichtungen trat dadurch ein, daß beide Begriffe gegeneinander ausgespielt wurden. Den Forschungsinteressen der streitenden Gruppen lag häufig ein kontroverses Menschenbild zugrunde. Wer ein pessimistisches Verständnis des Menschen vertritt, neigt dazu, Kriege für unvermeidbar zu halten und darum schon den positiven Friedensbegriff als unrealistisch abzulehnen. Wer auf die Lernfähigkeit des Menschen vertraut, rechnet auch im Bereich des Politischen mit der Möglichkeit von Verhaltensänderungen. In der Diskussion um den negativen und positiven Friedensbegriff wurde deutlich, daß die mit dem Zielbegriff Frieden verbundenen Werte zueinander in Konkurrenz treten können. Mehr Gerechtigkeit und Freiheit für Benachteiligte schränkt Rechte der Privilegierten ein. Emanzipation von Unterdrückten erfordert partiellen Verzicht auf soziale und politische Rechte der Herrschenden. Wo diese nicht freiwillig eingeräumt werden, erzeugt strukturelle Gewalt Gegengewalt. Veränderung

wird nur über revolutionäre Prozesse möglich. Mit der Unterscheidung von negativem und positivem Frieden, von direkter und struktureller Gewalt sowie von symmetrischen und asymmetrischen Konflikten mit je andersartigen Friedensstrategien mußte die Aufgabe der Friedensforschung genauer bezeichnet werden.

Wolfgang Huber hat diesen Versuch in seiner Arbeit „Friedensforschung – Grundbegriffe und Modelle" unternommen. Er beschreibt sie in einer ersten Annäherung: „Friedensforschung zielt also auf die Überwindung von Zuständen, in denen das Zusammenleben größerer Gruppen von Menschen durch strukturelle Gewalt gekennzeichnet ist, in denen Konflikte durch direkte Gewalt ausgetragen werden, oder in denen Stabilität oder Veränderung durch die Androhung von Gewalt erzwungen werden." Damit werden drei Aufgaben der Friedensforschung unterschieden: 1. Die Analyse von Konflikten und Zuständen latenter Friedlosigkeit, 2. die Entwicklung von Konfliktlösungsverfahren und Veränderungsstrategien, 3. die Erarbeitung von Kriterien für den Vollzug von Strukturveränderungen. Der analytische Begriff Gewalt erhält hier eine kritische Funktion auch für Veränderungsstrategien. *Frieden* wird, wie in Galtungs Konflikttheorie, *als Prozeß* verstanden. Die Mittel zur Überwindung der in Institutionen verfestigten Friedlosigkeit müssen dem erstrebten Ziel eines qualifizierten Friedens entsprechen. Im Gegensatz zu der sogenannten revolutionären Konfliktforschung (u. a. Lars Dencik), die wegen der aus struktureller Gewalt resultierenden menschlichen Leiden und Nöte rasche Veränderung durch zeitlich begrenzte Gewaltanwendung im Übergang zu tragfähigen Friedensstrukturen vorschlägt, kritisiert diese Aufgabenbeschreibung die Wirkungen von Gewalt nicht nur in der Vergangenheit und Gegenwart, sondern fordert, daß sie auch für das künftige Handeln bedacht werden.

Frieden wird auch von E. O. Czempiel als Prozeß begriffen. Er knüpft an die negative Definition des Friedens von Galtung an, qualifiziert aber diesen Prozeß durch den Bezug auf soziale Gerechtigkeit und Emanzipation der Einzelnen. Von daher definiert er *Frieden als Fortschrittsordnung*. Je nach der Ausgangssituation der Bezugsgruppen handelt es sich um Fortschritte verschiedener Art, in der gleichen Verteilung von Gütern und der Mitbestimmung, Fortschritt im Abbau von Gewalt, in der Kooperation zwischen gleichen, aber auch ungleichen Partnern auf internationaler Ebene und schließlich Fortschritt in der Emanzipation des Einzelnen. Der Grad der Selbstentfaltung jedes Einzelnen soll sich ständig erhöhen. Die Kategorie des Einzelnen hat für Czempiel eine kritische Funktion in der Analyse gesellschaftlicher Herrschafts- und Fortschrittsprozesse. Der oberste Wert, der durch Friede als Fortschrittsordnung verwirklicht werden soll, ist die Erhaltung der Existenz des Menschen; in der Entfaltung dieser Existenz wird der „rangzweite Wert" gesehen. Jeder Einzelne ist also bezüglich seiner Existenzentfaltung „Adressat" dieses Friedensprozesses. Daraus ergibt sich eine grundsätzliche Neuorientierung der Außenpolitik auf Friedenspolitik. Krieg als Mittel zur Konfliktaustragung wird abgelehnt. Wer zuläßt, daß menschliche Existenz vernichtet wird, leugnet den grundlegenden Wert der Friedensordnung. Die ambivalente Haltung der Christen und Kirchen gegenüber

dem Krieg wird kritisiert, da die „Offerten" der christlichen Tradition zu gewaltfreier Veränderung ungerechter Zustände anleiten.
Eine entscheidende Lücke bisheriger Friedensforschung sieht Czempiel in der mangelnden Unterscheidung von Bezugsgruppen und Trägergruppen des Friedensprozesses. Diese Frage ist von Bedeutung, weil zu klären ist, wer den auf Frieden zielenden Systemwandel in Gang bringt. Die erstrebte Veränderung wird von Czempiel dann zu Recht auf alle Einheiten des politischen Gesamtsystems bis hin zum Individuum bezogen. Dies widerspricht aber seiner Eingrenzung des Friedensbegriffs für das internationale System. Der Systemwandel soll sich im politischen Bereich als möglichst weitreichende Eliminierung von Gewalt, auf der ökonomischen Ebene als Verwirklichung von sozialer Gerechtigkeit, im Bereich sozialen Handelns als zunehmende Emanzipation der Einzelnen vollziehen. Obwohl Politik, Wirtschaft und die Ebene sozialen Handelns der Einzelnen als Gesamtzusammenhang gesehen werden, der von der Friedensforschung aufzuarbeiten sei, wird hier jedem Bereich nur eine spezielle Art des Fortschritts zugeordnet. Hier ist einzuwenden, daß diese Bereiche so stark miteinander verflochten sind, daß Fortschritte in einem Interaktionsraum von den Veränderungen im anderen durchgehend abhängig sind.
An dieser Definition des Friedens, seiner Zielwerte und der Defizite im politischen System leitet Czempiel drei *Strategien des Friedens* ab. Sie zeigen, daß sein Forschungsinteresse besonders auf die Probleme des Überganges zu einer internationalen Friedensordnung, die in der Tat zu den schwierigsten Fragen der Friedensforschung gehören, gerichtet ist. Bei der entscheidenden Frage nach den Subjekten, die den Wandel des internationalen Systems einleiten können, beschränkt Czempiel Frieden wieder allein auf diesen Handlungsraum. Den politischen „Einheiten" im internationalen System stehen je drei „Sätze von Strategien" zur Verfügung:

1. Langfristig gewinnfreie Werbung um Frieden
2. Mittelfristig risikofreie Induktion von Frieden
3. Kurzfristig gewaltmindernde Krisenstabilisierung.

In der parallelen Verfolgung dieser drei Strategien, die allerdings möglicherweise nur von einer Einheit oder von wenigen erprobt werden, liegt die Chance, daß ein Systemwandel gelingt.
Angesichts der Aufgaben, die die Friedensforschung zu erfüllen hat, sind vier kritische Fragen an das Konzept von Friede als *Fortschrittsordnung* zu richten.
Erstens: Entsprechen diese Friedensstrategien der Komplexität der Phänomene, die heute das Leben der Menschheit bedrohen? Das Gewicht der vom Menschen produzierten Vernichtungs- und Konfliktpotentiale (Rüstungswettlauf, ökologische Krise, wachsende Armut der Entwicklungsländer u. a.) wird bei den politischen Schritten in Richtung auf Frieden unterschätzt. Czempiel sieht, daß die Zeit zur Lösung der Weltprobleme drängt. Er reflektiert in seinem Konzept jedoch kaum die Widerstände, mit denen bei Innovationen für friedlichen Systemwandel zu rechnen ist.
Zweitens: Trägt die Unterscheidung von Subjekten der Friedensverantwortung

und Bezugsgruppen für Friedenshandeln analytisch etwas aus, wenn die Menschheit als ganze bedroht ist? Die zur Zeit von Katastrophen weniger bedrohten Industriestaaten gehören gerade zur Gruppe der Verursacher von wachsenden Lebensgefährdungen.

Drittens: Kann das Konzept des Friedens als Fortschrittsordnung, das seinen Schwerpunkt bei der „Strategieforschung“ sieht, Frieden für den internationalen Raum „reservieren“? Innergesellschaftliche Friedlosigkeit verändert, was Czempiel nicht übersieht, das Außenverhalten und umgekehrt. Angesichts der Universalität und Unteilbarkeit des Friedens, die Czempiel vertritt, müssen sich Subjekte der Friedensverantwortung jedoch auf allen Ebenen konstituieren.

Viertens: Bleiben die Strategiekonzepte, die Czempiel vorschlägt, nicht im Rahmen der zweiten hier kurz diskutierten Richtung herkömmlicher Friedensforschung? Gewinnfreie Werbung für Frieden unterschätzt die Schwierigkeit, im Kollektivbewußtsein Veränderung zu bewirken. *Risikofreie* Induktion von Frieden ist ein Postulat, dem zahlreiche Erfahrungen bei Friedensinitiativen auf der politischen Ebene des Einzelstaates, aber auch bei transnationalen Bemühungen widersprechen. Die vorauslaufenden Innovationsprozesse, die notwendig sind, um auf der Ebene der Regierungen und Parlamente einen Konsensus über eine klare Friedenspolitik zu erreichen, enthalten für die Träger derartiger Bemühungen Risiken verschiedener Art. Czempiel kann diese Risiken nur dadurch ausblenden, weil seine „Strategievorschläge“ sich auf die handlungsfähigen Einheiten auf internationaler Ebene beziehen.

Die wichtige Forderung, die „Offerten der Tradition“ zu nützen und dem Ziel entsprechend gewaltfreie Mittel der Veränderung zu wählen, wird nicht für den Forschungsprozeß durchdacht. Das starke Interesse an theologischen Fragen kommt nicht zum Zuge, weil die Theologie auf den Bereich der Motivation beschränkt bleibt; die Handlungsanleitungen, die zitierte bilblische Texte bieten, werden in der Studie nicht zureichend mit den Fragen der heutigen Friedensforschung vermittelt. Dieses Konzept, dessen Mängel zum Teil auf der Unschärfe einiger Begriffe beruhen, wurde hier aus zwei Gründen ausführlich diskutiert: Es handelt sich hier einmal um einen repräsentativen Text, der Grundlage und Zielrichtung für die Arbeit der Wissenschaftlichen Kommission des Katholischen Arbeitskreises „Entwicklung und Frieden“ entwarf; zum anderen wird an diesem Konzept deutlich, welche Schwächen sich ergeben, wenn die intendierte Interdisziplinarität der Friedensforschung im Forschungsprozeß nicht realisiert wird.

Georg Picht gelangt von der Frage nach den großen Weltproblemen, von deren Lösung die Erhaltung der Menschheit abhängen wird, zunächst zu einer Revision des traditionellen Gegensatzpaares Frieden und Krieg. „Definiert man Frieden als einen Weltzustand, in dem die Menschheit biologisch existieren kann, so ist der Gegensatz zum Frieden nicht mehr Krieg, sondern die Not.“ Wegen der gegenwärtigen Strukturen des internationalen Staatengefüges kann die Not von Millionen von Menschen jedoch nicht überwunden werden, obwohl technisch und materiell Möglichkeiten dazu vorhanden wären. Das traditionelle Friedensverständnis als Schutz des Bürgers vor direkter Gewalt durch den Staat muß demnach vertieft werden. Frieden muß heute auch den Schutz vor struktureller Gewalt, die Not hervorbringt, einschließen. In einem dritten Schritt analysiert Picht die Bedeutung der modernen, räumliche und zeitliche Grenzen transzendierenden Formen von Kommunikation für die Erhaltung der Menschheit und kommt zu dem Ergebnis: Da die Menschheit in der technischen Welt „ohne die modernen Kommunikationsprobleme nicht existieren kann, werden sich alle Staaten darauf einstellen müssen, mit der Freiheit des Informations- und Meinungsaustausches zu existieren ... In der technischen Welt ist nur ein Friede möglich, der sich mit der Freiheit der Gedanken vereinigen läßt." Die drei Parameter des Friedens, die sich aus der Analyse des heutigen Weltzustandes ergeben, sind untrennbar miteinander verbunden. Picht folgert daraus: „Jede politische Ordnung [muß] friedlos sein und Gewalt erzeugen, die einen dieser Parameter unterschlägt ... Freiheit läßt sich nur solange schützen, als wir vor Not und Gewalt gesichert sind. Schutz gegen Not erfordert Schutz vor offener wie struktureller Gewalt; wer aber vor dem Druck von struktureller Gewalt bewahrt wird, gewinnt Freiheit."

Damit ist für die Friedensforschung eine weitere Klärung ihres Zieles gewonnen. Frieden muß beschrieben werden als ein kontinuierlicher Prozeß, der in Folge der Vielschichtigkeit der Probleme Not, Gewalt, Unfreiheit eine Vielzahl aufeinander bezogener Strategien erfordert. An den Parametern des Friedens wird zugleich erkennbar, daß eine Fixierung des positiven Gehaltes von Frieden die Gefahr enthält, partikulare Momente absolut zu setzen und angesichts der Verschiedenartigkeit der Verhältnisse in Staaten und Kontinenten der Wirklichkeit nicht gerecht zu werden.

Die Rede von drei Parametern des Friedens überwindet die Redeweise vom negativen und positiven Frieden, weil sie das Sicherheitsproblem nicht ausblendet, wie dies in optimistischen Friedenskonzepten geschieht. Die Reflexion auf Freiheit als Bedingung der Möglichkeit menschlichen Handelns sprengt den Rahmen jener Friedensverständnisse, die Subjekte der Verantwortung für Frieden allein in staatlichen Institutionen und politischen Organisationen suchen. Picht verzichtet bewußt auf eine Definition des Friedens; denn nach der klassisch aristotelischen Logik muß die theoretische Definition des Zieles vorausgehen, bevor ein menschliches Handeln auf dieses Ziel hin erfolgen kann. Mit dieser Trennung von Theorie und Praxis kann das Friedensproblem, dessen Fragestellungen sich laufend verändern, aber nicht bewältigt werden. Diese Aufgabe greift zudem so tief in das Verhalten, Denken und Handeln der Menschen ein, daß Verwirklichung von Frieden die einzige Form der Definition des Friedens ist.

Not, Gewalt und Unfreiheit begegnen uns auf allen Ebenen menschlichen Lebens. Es sind defizitäre Zustände im Weltmaßstab wie in der Einzelgesellschaft, im Leben der Gruppen und des Einzelnen, die durch menschliches Denken und Handeln nie total beseitigt, aber doch minimiert werden können. Mit Hilfe dieser Parameter kann die Friedensaufgabe also für die universale, regionale, die innergesellschaftliche und die individuelle Ebene operationalisiert werden. Damit entfällt der Einwand, den Czempiel mit Recht gegenüber Friedenskonzepten erhebt, die nicht klar genug zwischen den verschiedenen analytischen Ebenen unterscheiden und Frieden zu einem „Totalbegriff" abstrahieren, der damit seiner operationalisierbaren Inhalte beraubt ist. Für jeden Menschen ergeben sich Möglichkeiten, in seinem Umkreis Verantwortung für den Frieden wahrzunehmen. Diese These erscheint zunächst als zu optimistisch. Sie ist jedoch in der unauflöslichen Verflechtung der drei Parameter miteinander, das heißt deren Relationalität, begründet: „Versteht man den Frieden nur als Schutz vor Gewalt, so reduziert sich der moralische Gehalt dieses Begriffes auf das Interesse an der bloßen Selbsterhaltung. Sind wir hingegen durch die Weltentwicklung gezwungen, den Schutz gegen Not als einen unaufhebbaren zusätzlichen Parameter des Friedens zu begreifen, so sind wir genötigt, die Existenzbedingungen anderer Völker als konstitutive Faktoren unseres eigenen Überlebens zu betrachten. So eröffnet sich – nicht durch tiefere Einsicht, sondern durch den Zwang einer neuen Realität – eine moralische Dimension, die dem politischen Denken bisher fremd war."

Mit diesen Überlegungen von Georg Picht bestätigt sich noch einmal, daß die verschiedenen Ebenen menschlichen Handelns stärker ineinandergreifen, als wir dies bisher wahrgenommen oder zugestanden haben. Die Leugnung dieses Zusammenhanges beruht zunächst auf einem zu engen Begriff des Politischen, der auf das Handeln innerhalb bestehender Institutionen beziehungsweise Organisationen eingeengt wird. Sie beruht, wie Pichts Thesen zeigen, darüber hinaus darauf, daß bestimmte die menschliche Freiheit einschränkende Faktoren unzureichend bedacht werden. In der technischen Welt produziert der Mensch selbst, wie wir sahen, ständig neue Friedensgefährdungen durch unreflektierte Verwertung seiner Erkenntnisse und technischer Möglichkeiten. Das hat zur Folge, daß auf technische Innovationen zielende Fortschrittsbestrebungen als Movens gesellschaftlicher Entwicklungen gerade jene Zwänge reproduzieren, die durch ihre Rückwirkungen auf den einzelnen seine Fähigkeit behindern, sich von den Tendenzen der technischen Welt zu distanzieren. Durch mangelnde Fähigkeit oder Bereitschaft, von seiner Freiheit Gebrauch zu machen und auf Entwicklungen Einfluß zu nehmen, beraubt der Mensch sich aber selbst der Möglichkeit, die Qualität des Lebens zu bewahren. Darum muß auch eine Hermeneutik der Technik in die Themen der Friedensforschung einbezogen werden. Wenn Frieden heute nicht mehr als Zustand zwischen Völkern, Staaten oder Gruppen, sondern als Prozeß der Minimierung von Not, Gewalt und Unfreiheit verstanden wird, muß bei Friedensstrategien davon ausgegangen werden, daß damit den technischen Entwicklungen gegenläufige und das bedeutet risikoreiche Bewegungen in Gang kommen müssen.

Damit stehen wir vor einer Frage, deren Bedeutung in der Friedensforschung bisher unterschätzt worden ist: welche Bilder von der Zukunft gehen in die Forschungsprozesse ein, die auf Frieden zielen? Die von Galtung vorgeschlagenen Unterscheidungen von vorhandenen oder möglichen Gesellschaftstypen regen zu einem Bedenken dieser Frage an, befriedigen aber noch nicht. Denn die individualistisch-horizontal strukturierte Gesellschaft, für die er plädiert, verbindet zwar die Gleichheit der Einflußchancen für alle mit einem Höchstmaß an Entfaltungsmöglichkeiten, mit der Freiheit zu Spontaneität und Kreativität; sie

„beruht aber auf einer ungeprüft optimistischen Anthropologie" und verharmlost sowohl die ökonomischen Bedingungen gegenwärtiger Friedlosigkeit wie auch die Ausgangsbedingungen für gesellschaftliche Veränderungen. Von derartigen Modellen der Zukunft her lassen sich wirksame Friedensstrategien ebenso wenig entwickeln, wie von Extrapolationen gegenwärtiger Entwicklungen, die uns in verschiedenen Richtungen von Friedensforschung begegneten.
Aufeinander bezogene und voneinander abhängige Prozesse der Minimierung von Not, Gewalt und Unfreiheit als Verwirklichung von Frieden bezeichnen jedoch zunächst nur die Ansatzpunkte und die Richtung von notwendigen Veränderungen. Die Frage nach den sozialen Trägern dieser Prozesse und der Chancen ihres Handelns ist damit noch nicht beantwortet.

in: Ernst Otto Czempiel: Schwerpunkte und Ziele der Friedensforschung. Kaiser/Grünewald, München, 1972, S. 34–38

7.2

CARL FRIEDRICH VON WEIZSÄCKER

Der Weltfriede als Lebensbedingung des technischen Zeitalters

Der Satz, der Weltfriede verlange von uns eine außerordentliche moralische Anstrengung, wäre mißverstanden, wenn er nur als Aufforderung zu persönlicher Friedfertigkeit aufgefaßt würde. Einerseits wird der Weltfriede, sei es auf dem Weg über einen dritten Weltkrieg, sei es ohne ihn, wahrscheinlich mit technischer Zwangsläufigkeit kommen; die moralische Anstrengung ist notwendig, damit er in menschenwürdiger Gestalt kommt. Anderseits muß zwar jeder mit der moralischen Anstrengung bei sich selbst anfangen, aber dabei kann es nicht bleiben. Eine allgemeinverbindliche Ethik des Lebens inmitten der Technik muß entwickelt werden. Man kann von den Menschen nicht verlangen, sich in der technischen Welt sinnvoll zu verhalten, wenn sie nicht Normen dieses Verhaltens haben, die den tatsächlichen Verhältnissen angepaßt sind; Normen, die zwar vielleicht streng, aber für den gutwilligen Durchschnittsmenschen erfüllbar sind. Die moralische Forderung, die Straßenverkehrsordnung zu respektieren, ist ein alltägliches, der Gedanke einer Übertragung des hippokratischen Eids von der Medizin in die Technik und Naturwissenschaft ein heute noch fernerliegendes Beispiel.
Wir fragen nun aber nicht nach Beispielen, sondern nach den Grundlagen. Worauf kann eine solche Ethik beruhen? Die traditionellen Normen reichen im einzelnen nicht aus, denn die technischen Möglichkeiten und damit viele Probleme sind neu. Die Zweckmäßigkeit ist ein gefährlicher Maßstab. Welchen Zwekken soll unser Handeln gemäß sein? Welche Mittel rechtfertigt ein spezieller Zweck? Was rechtfertigt den Zweck selbst?
Ich glaube, es gibt keine andere Antwort auf diese Frage als: die Ehtik muß auf der Wahrheit beruhen.
Der Begriff der Ehtik dient mir als Mittelglied zwischen den Begriffen des

Friedens und der Wahrheit. Ich meine, daß Friede und Wahrheit sich zueinander verhalten wie Leib und Seele. Ein Friede, der nicht auf Wahrheit beruht, ist starr und tot wie ein entseelter Körper; er wird sich zersetzen und wird zerfallen. Eine Wahrheit, die nicht einen Ort des Friedens hat, um sich in ihm zu verwirklichen, bleibt jenseitig oder abstrakt, eine leiblose Seele. Der Friede kann nicht leben ohne eine Wahrheit, die er leibhaft darstellt. Wahrheit kann nicht unter uns weilen ohne einen Raum des friedlichen Wachstums, den sie durchdringt.
Es fragt sich, ob wir dies denken können.
Wenn wir sagen, die Ehtik der technischen Welt müsse den Gesetzen entsprechen, nach denen Menschen zusammenleben können, so ist dies ein Appell an die Vernunft. Dieser Appell ist unentbehrlich. Denn jeder Mensch, der, wie man zu sagen pflegt, bei gesunder Vernunft ist, kann ihn verstehen. Vernunft ist das menschliche Vermögen, Zusammenhänge so zu erfassen, wie sie sind, also Wahrheit zu erkennen. Wie kann eine Ethik aussehen, die auf Vernunft beruht? Ihr Kern ist die alte, wohl allen religiösen und säkularen Ethiken gemeinsame „goldene Regel", die im deutschen Volksmund zum Knittelvers banalisiert ist: Was du nicht willst, daß man dir tu, das füg auch keinem andern zu. Aber so ausgesprochen ist der Satz noch zweideutig. Er sagt, wie ich handeln soll, aber nicht warum. Ist er nur die Klugheitsregel, die mich lehrt, zu fürchten, der andere könnte mir heimzahlen, was ich ihm angetan habe? Wäre er das, so wäre es klug, ihm Gutes zu tun, wenn er es merkt oder die Macht der Vergeltung hat, sonst aber nicht.
Den eigentlichen Sinn gewinnt der Satz, wenn er den Grund bezeichnet, aus dem heraus ich handeln soll. Warum denn fühlt sich der andere legitimiert, mir Böses mit Bösem heimzuzahlen? Doch weil er weiß, daß ich mit Recht den Anspruch auf gute Behandlung durch ihn nur erheben kann, wenn ich ihn ihm selbst zuerkenne? Was ist denn das für ein Recht, das man wissen kann?
Niemand hat diese Frage so scharf durchdacht wie Kant. Was ein vernünftiger Wille ist, definiert nach ihm die Formel des kategorischen Imperativs: Handle so, daß die Maxime deines Willens jederzeit zugleich als Prinzip einer allgemeinen Gesetzgebung gelten könne (Kritik der praktischen Vernunft § 7).
Sprechen wir überhaupt von Wahrheit, so ist es notwendig, daß wir uns wenigstens einmal der Strenge eines philosophischen Gedankens aussetzen. Was meint Kant mit seiner Formel? Sie ist ihm nicht ein neues Gebot, sondern nur die genaue Formulierung dessen, was jeder vernünftige Mensch immer schon weiß, sofern er nur sich selbst versteht.
Der Mensch ist ein vernünftiges Wesen, d. h. ein Wesen, das Vernunft hat. Vernunft und Freiheit bedingen einander. Vernunft ist das Vermögen, Wahrheit zu verstehen. Wenn ich aber eine Meinung habe, nicht weil ich ihre Wahrheit verstanden habe, sondern weil der Zwang psychologischer Notwendigkeit sie mir aufnötigt, dann übe ich nicht Vernunft; das vernünftige Anerkennen erkannter Wahrheit ist ein freier Akt. So beruht Vernunft auf Freiheit. Darum – dies sei am Rande bemerkt – ist es so beleidigend und so unvernünftig, wenn man einem Menschen, der eine Überzeugung äußert, nichts zu erwidern weiß als: er, als Mensch dieser Beschaffenheit oder als Glied dieser Gruppe, müsse ja so denken.

„Du bist ein Kapitalist, ein Kleinbürger, ein Kommunist; du bist ein Christ, ein Professor, ein Politiker: du bist ein alter Mann, ein törichtes Weib, ein grüner Junge – darum mußt du so reden, wie du redest". Vernunft beruht auf Freiheit, vernünftiger Dialog auf Anerkennung der Freiheit des andern und meiner Freiheit, mich selbst zu korrigieren.

Freiheit beruht aber auch auf Vernunft. Nur eine vernunftgemäße Handlung ist eine freie Handlung; unter dem seelischen Zwang meiner Triebe und Neigungen bin ich unfrei. Deshalb sagte ich, der kategorische Imperativ definiere, was ein vernünftiger Wille ist; Motive seelischen Zwangs verdienen den Namen „Wille" nicht. Was aber ist ein kategorischer Imperativ?

Wir haben zwar Vernunft, aber unser Handeln ist nicht von selbst vernünftig. Eben darum muß uns die Vernunft Vorschriften, Imperative geben. Alle Imperative hängen von Umständen und besonderen Zwecken ab, sind also bedingt, bis auf einen, der eben darum kategorisch, unbedingt, heißt. Dieser schreibt nur vor, daß das Handeln überhaupt vernünftig sein soll. Was heißt vernünftiges Handeln?

Vernunft ist das Vermögen, das Allgemeine zu denken. Vernunftwahrheiten gelten immer und überall. Sie gelten für mich zu jeder Zeit, sie gelten für alle Menschen, ja für alle Wesen, die überhaupt Wahrheit verstehen können, und das heißt für alle vernünftigen Wesen. Ein Satz, der eine Vernunftwahrheit ausspricht, ist darum allgemein wahr, er ist ein Gesetz. Mein Handeln ist vernünftig, wenn das, was dieses Handeln bestimmt – die Maxime meines Willens –, die Form des allgemeinen Gesetzes hat.

Was heißt „Form des allgemeinen Gesetzes"? Es genügt nicht, daß es sprachlich allgemein formuliert ist. Es darf sich selbst in seinen Konsequenzen nicht widersprechen. Es muß ein mögliches Prinzip einer allgemeinen Gesetzgebung sein.

Wie kann eine allgemeine Gesetzgebung aussehen? Halten wir uns an das nächstliegende Beispiel, die bürgerliche Ordnung der Gesellschaft im Staat. Diese Ordnung beruht auf dem Recht. Eine rechtliche Verfassung der Gesellschaft ist nach Kant eine solche, in der die größtmögliche Freiheit jedes einzelnen mit der Freiheit jedes anderen vereinbar ist. Auch hier sieht man, wie Vernunft und Freiheit einander bedingen. Die Vernunft gebietet nichts anderes als Freiheit aller; sie gebietet diejenigen Einschränkungen der Freiheit des einzelnen, ohne die diese Freiheit aller unmöglich ist. Die Vernunft ist auch nur gegenwärtig, sie existiert nur, wie Kant sagt, in einer freien Gesellschaft, in der die Annahme einer Wahrheit nicht Zwang ist. Diese gegenseitige freiwillige Garantie der Freiheit aber ist Friede, und Vernunft ist Verstehen der Wahrheit. So ist also auch für Kant, obwohl er so nicht spricht, die Wahrheit die Seele des Friedens, der Friede der Leib der Wahrheit.

Kant lehrt weiterhin: Die Vernunft aber kann sich nicht damit begnügen, Frieden und Freiheit im Innern eines Staatswesens zu fordern. Die Allgemeinheit ihres Gesetzes umfaßt alle vernünftigen Wesen. Es ist eine Forderung der Vernunft, daß auch die Staaten in ihrem Verhältnis zueinander den Naturzustand des Kriegs aller gegen alle verlassen und in einen bürgerlichen, d. h. rechtlichen Zustand eintreten. Das ist in der Geschichte bisher nicht vollzogen. Aber Aufklärung ist der Ausgang (d. h. das Heraustreten) des Menschen aus seiner selbstverschuldeten Unmündigkeit. Unmündig ist er, wenn er seine Vernunft nicht gebraucht. Selbstverschuldet ist die Unmündigkeit, da die Vernunft ihm mitgegeben ist und auf den Gebrauch wartet. Der ewige Friede ist eine Idee der praktischen Vernunft. Idee nennt Kant einen Vernunftbegriff, der unserem Denken Einheit gibt, indem er als Maß aller Verstandesbegriffe dient und die Möglichkeit ihres Zusammenhangs in einer umfassenden Wahrheit garantiert. Ihr regulativer Gebrauch wird dadurch nicht entwertet, daß eine Erfahrung, die der Vernunftidee adäquat wäre, nicht aufgewiesen werden kann. So dient die Idee des ewigen Friedens als das Maß, an dem alle Handlungen der Staaten zu messen sind, auch wenn wir den vollen Weltfrieden, die rechtliche Ordnung der ganzen Menschheit, nicht mit Augen sehen werden.

Soviel konnte ein klarer Blick 1795 erkennen. Mir liegt nichts daran, die heutigen Probleme in der Sprache jener Zeit, auch nicht in der Terminologie ihres größten Philosophen, zu behandeln. Von uns ist verlangt, ebenso konsistent zu durchdenken, was uns aufgegeben ist. Die Vollendung einer Einheit, die Kant ahnte, ist heute näher. Ich glaube, das gilt auch im Felde der theoretischen Vernunft, in der Physik; aber das ist heute nicht mein Thema. Es gilt gewiß in der Dringlichkeit und dadurch erzwungenen Möglichkeit des Friedens.

Der klassische Begriff der Vernunft faßt die Wahrheit als das immer und überall gleiche. Eben darum ist er so geeignet, die Basis für die Einigung von Menschengruppen zu bieten, die in Rasse und Erziehung, Kenntnissen und Religion verschiedene, kaum vereinbare Voraussetzungen haben. Ein praktisch zu errichtender Weltfriede muß an die Vernunft appellieren. Aber wir müssen uns selbst fragen, ob dieser Begriff der Vernunft, so unentbehrlich er ist, erschöpft, was wir unter Wahrheit verstehen.

Politisches Handeln aber, was seine Motive auch sein mögen, ist nur ernsthaft, wenn es sich der Selbstkritik der Vernunft unterwirft. Was ist nun für uns Vernunft, inmitten der Geschichte, im Lichte des christlichen Glaubens, vor dem verborgenen Abgrund der Zukunft? Ich möchte in wenigen Sätzen einige philosophische Probleme wenigstens nennen, die ich hier nicht ausbreiten kann. Philosophisch gesprochen handelt es sich darum, wie wir die Zeit zu denken haben. „Sein und Zeit“ ist die Formel unseres Problems. Die Wahrheit, die immer und überall gilt, überzeugt uns vielleicht nicht mehr. Mit der Überwindung der griechischen Ontologie, aus der dieser Wahrheitsbegriff abgeleitet ist, macht man es sich freilich oft zu leicht. Die Frage ist, wie denn Wahrheit sein kann, wenn Sein nicht Immersein, nicht ewige Gegenwart heißt. Platons Zeitdefinition, nach der die Zeit das nach der Zahl fortschreitende ewigliche Abbild der im Einen verharrenden Ewigkeit ist, hat sich dieser Frage gestellt. Der Zeitbegriff der Bibel ist freilich anders, und er ist mit den Begriffen des Bundes, der Schöpfung, der letzten Dinge geschichtsgesättigt, aber er ist philosophisch nicht reflektiert, und es ist kein Zweifel, daß er in der Geschichte der Theologie dem Platonismus unterlag. Der Existenzbegriff des Existentialismus, der Aktbegriff unserer Theologie scheint mir das Problem nicht zu lösen. Hier wird getrennt, was zusammengehört: das Einmalige vom Dauernden, der Mensch von der Natur, das Heil von der Schöpfung.

Nun wende ich mich aber der einen für die Friedenspolitik relevanten Frage zu, wie das Bewußtsein unseres wissenschaftlichen Zeitalters die Geschichte, zumal die zukünftige Geschichte denkt. Wir denken die Geschichte gewiß nicht als die Reproduktion des immer Gleichen. Die griechische theoretische Philosophie des ewigen Eidos scheitert wohl schon an der Geschichtlichkeit der Natur; Aristoteles scheitert an Darwin. Wir verstehen die Geschichte auch nicht als die unbegrenzte Annäherung an ein überzeitliches Ziel; darin unterscheiden wir uns von Kant. Wir kennen den Begriff des wesentlich Neuen. Man darf zwar glauben, das Neue sei im Vorhergehenden als Möglichkeit angelegt gewesen, aber diese Möglichkeiten sind uns nicht voll erschlossen. Niemand kann in wissenschaftlich zwingender Weise im mittleren Tertiär das Kommen des Menschen, im Paläolithikum das Kommen der Hochkultur, im Mittelalter das Kommen der industriellen Revolution nachweisen. Im Rückblick ist all dies möglich, vielleicht wahrscheinlich; im Vorblick hätte es, wenn wir ein vorblickendes Wesen fingieren dürfen, phantastisch erscheinen müssen. So erweist auch die bisherige Geschichte den Weltfrieden nicht positiv als möglich, und doch läßt sie nicht den Schluß auf seine Unmöglichkeit zu.

Wir haben aber zugleich ein sehr präzises Verhältnis zu unserer näheren Zukunft in der Form der Planung, der Prognostik. Man etabliert eine neue Wissenschaft, die Futurologie, die in besserem Griechisch wohl Mellontik heißen müßte. Charakteristisch ist dabei der Übergang von statischen zu dynamischen Modellen des Geschehens, z. B. in der Nationalökonomie vom Begriff des wirtschaftlichen Gleichgewichts zu dem des Wirtschaftswachstums. Was geschieht in dieser wissenschaftlichen Beschäftigung mit der Zukunft? Welche Art der Wahrheit hat sie? Wir benützen auch hier das Mittel des Allgemeinbegriffs. Begrifflich denken können wir nur, was oft geschehen kann und was daher in gewisser Weise schon oft geschehen ist. Aus solchen Begriffen aber entwerfen wir Strukturen dessen, was sein könnte, auch wenn es in dieser Zusammenstellung noch nie war. In ihnen wägen wir gedanklich das Wünschbare gegen das Mögliche und Wahrscheinliche ab. Die Prognosen prüfen wir am Erfolg und verbessern danach die Prämissen.

In dieser Denkweise sind oft gewisse allgemeine Sturkturen leichter vorherzusagen als die Einzelheiten. Wieviel Nahrung die Menschen brauchen werden, läßt sich einigermaßen abschätzen; wo die Nahrung verfügbar sein und wo der Hunger ausbrechen wird, mag von den Unvorhersagbarkeiten lokaler Politik und selbst des Wetters abhängen. Eine allgemeine Vorhersage dieser Art ist unser Ausgangssatz: Der Weltfriede ist Lebensbedingung des technischen Zeitalters. Solche Sätze kann man nur in einer Menschheit aussprechen, die rational-prognostisch in die Zukunft schaut und die bereit ist, die Welt zu verändern. Diesen Frieden können und müssen wir planend anstreben. Es ist nicht der Friede des Reiches Gottes, denn der läßt sich nicht planen; er ist Verwandlung der Politik in Weltinnenpolitik. Über ihn können und müssen wir auch mit Menschen einig werden, die vom Frieden Gottes keine oder eine skeptische Vorstellung haben.

Aber mir sei hier noch einmal ein persönliches Bekenntnis erlaubt. Wenn ich nicht glaubte, daß ganz andere, tiefere Veränderungen im menschlichen Bewußtsein möglich sind und auf uns warten als der Übergang in die Weltinnenpolitik, so hätte ich vielleicht nicht den Mut, diesen Übergang zu betreiben. Wenn ich an den Frieden Gottes nicht glaubte, wäre mir der Friede der Zukunft nicht mehr als ein Schatten über einem Abgrund. Die Analyse vieler Beispiele lehrt uns, daß die technische Welt sich nicht von selbst stabilisiert. Daraus habe ich gefolgert, daß sie mit politischen Mitteln stabilisiert werden muß. In der Praxis können solche politischen Lösungen noch auf lange Sicht hinaus wohl nur partiell sein. Man kann günstigenfalls die heutigen Probleme einer Region lösen, etwa die von Mitteleuropa oder Südostasien – beides ist, wie wir wissen, noch fern –, oder die Probleme eines Lebensbereichs, etwa der Rüstungskontrolle auf zehn Jahre oder der Ernährung eines Subkontinents für eine ähnliche Zeitspanne. Die Entwicklung läuft jeder gelungenen Lösung wieder davon und weist damit auf die Notwendigkeit einer globalen, politischen Lösung, eines politisch garantierten Weltfriedens.

Dieser Weltfriede steht vor uns als die große gedankliche Aufgabe unserer Zeit. Hier mag der Satz nicht ganz übertrieben sein, daß Theorie die radikalste Praxis sei. Denn die Notwendigkeit einer solchen globalen Ordnung wird sich den Menschen von Jahrzehnt zu Jahrzehnt deutlicher aufdrängen. Im Wirbel der Interessenkämpfe und der politischen Torheiten wird sich dann doch auf die Dauer diejenige Struktur als praktikabel herausschälen, welche die Menschen gedanklich zu fassen gelernt haben; man kann nichts verwirklichen, was man nicht begreifen kann. Deshalb sollte keine Aufgabe den Ehrgeiz denkender Köpfe so sehr reizen wie der Entwurf einer möglichen Friedensordnung.

Dieser Entwurf wird die Elemente des Friedens der Vernunft enthalten müssen. Aber er wird sich freihalten müssen von der Vorstellung eines statischen Endzustandes, eines endlich erreichten Gleichgewichts. Diese Vorstellung gehört historisch zum Bilde der ewigen rationalen Wahrheit; sie hat den ältesten Weltfriedensutopien ihre Faszination und ihre Irrealität gegeben. Der künftige Entwurf muß vielmehr ein dynamisches Modell sein. Er darf sich weder am Wunschtraum des Aufhörens der Konflikte noch am Alptraum der Zwangsjacke für alle Konflikte orientieren; er muß einem festen Skelett mit beweglichen Gelenken und einem Blutkreislauf in einem wachsenden Organismus gleichen.

Zum Entwurfscharakter gehört, daß mehrere konkurrierende Modelle sinnvoll gedacht werden können. Dies ist ja schon die Signatur des heutigen politischen Denkens: nicht mehr der Interessenkonflikt der Nationen, sondern der Konkurrenz der Ideologien steht im Vordergrund des Bewußtseins. Ideologien aber sind oder implizieren Modelle eines erhofften Weltzustandes. Die Entschärfung dieses Konflikts, die Entideologisierung der Ideologien, könnte gefördert werden, indem die intelligente Jugend der Welt den Modellcharakter dieser Entwürfe erkennt und damit ihre Offenheit für Diskussion. Wer Menschenmassen dumpf und berechenbar führen will, mag eine Weile Erfolg haben, indem er ihnen ein einziges Zukunftsbild dogmatisch aufrichtet. Für den beweglichen Verstand der Menschen, welche die Zukunft wirklich zu gestalten haben, ist die Pluralität möglicher Friedensmodelle kein Nachteil, sondern eine Chance. Der Kampf der Ideologien ruft nicht nach Sieg oder Niederlage, sondern nach Verständigung durch vernünftige Neuinterpretation.

Die wissenschaftlich-technische Welt kann nicht von politischen Konzepten her geordnet werden, die allzuweit unter dem Niveau des Denkens der Wissenschaft bleiben. In der Wissenschaft aber gehört die Mehrheit möglicher Modelle und ihre freie Diskutierbarkeit zu den selbstverständlichen Denkmitteln. In der technischen Praxis gehört dazu dann auch stets die Entscheidung zwischen mehreren Entwürfen mit allen daran hängenden Folgen und auch Irrtumsmöglichkeiten. All dies muß im Entwurf des Friedens gedacht und den Köpfen der vielleicht 60 000 Menschen faßlich gemacht werden, welche Geschicke von 3,6 Milliarden Menschen faktisch lenken.

Die politischen Aufgaben der Gegenwart sind noch durch eine Kluft vom politisch garantierten Weltfrieden getrennt. Der Entwurf dieses Friedens kann uns nur als regulative Idee dienen, an der wir unsere eigenen Handlungen messen. Ich gebe eine ganz kurze Liste der meines Erachtens aktuellen Aufgaben.

Die feindliche Bipolarität des kalten Krieges hat beide Weltmächte weltpolitisch gelähmt. Im Schutze dieser Lähmung sind andere Machtzentren entstanden, eine polyzentrische Weltstruktur bahnt sich an. Diese ihrerseits beflügelt den Versuch der beiden Großen, zu einer kooperativen Bipolarität, einer zu zweit abgesprochenen Weltordnung für die nächsten Jahrzehnte zu kommen. Ich meine, wir haben sowohl die Bildung regionaler Zentren wie die Zusammenarbeit der beiden Großen aktiv zu unterstützen; es fällt uns, die wir nicht Bürger einer der beiden Weltmächte sind, zu, beide Tendenzen – die polyzentrische und die kooperativ-bipolare – miteinander womöglich zu versöhnen.

Um dies an einem aktuellen Beispiel zu erläutern: Wenn die großen Kernwaffenbesitzer zuerst ihre eigene nukleare Bewegungsfreiheit durch ein Teststoppabkommen einschränken, um dann den nichtnuklearen Mächten durch einen Vertrag zur Nichtverbreitung von Kernwaffen eine schärfere, aber unerläßliche Grenze zu ziehen, so steht es uns an, dieses gesamte Vertragswerk nach Kräften zu unterstützen. Verträge dieser Art sind ganz gewiß nicht hinreichend zur Sicherung des Weltfriedens, aber sie sind unentbehrlich als Teile einer sehr viel umfassenderen Entwicklung. Eben darum aber müssen sie so abgefaßt sein, daß sie von den verzichtleistenden nichtnuklearen Mächten nicht als unerträgliche Fessel, insbesondere also nicht als Hinderung ihrer wirtschaftlichen Bewegungsfreiheit empfunden werden; nur dann können sie haltbar sein. Es ist also im wohlverstandenen Interesse der beiden Weltmächte, sich hier der Wünsche der dritten Länder aufs sorgfältigste anzunehmen. Das meine ich mit der Notwendigkeit, kooperative Bipolarität und Polyzentrismus zu versöhnen. Aber alle Vereinbarungen dieser Art haben noch etwas eigentümlich Stumpfes. Sie verhindern günstigenfalls die Entstehung neuer Gefahrenquellen. Sie sind auch wertvoll als Einübung gemeinsamen Handelns. Aber sie schaffen die vorhandenen Rüstungen nicht ab und zementieren, isoliert genommen, den Status quo mit allen in ihm liegenden ungelösten Problemen, allen Stauungen, die so lange anschwellen, bis sie sich später entladen werden.

Eines der wichtigsten Elemente einer dynamischen Weltinnenpolitik, eines Aufschmelzens der Erstarrungen, sind gemeinsame Aufgaben. Unter diesen die wichtigste ist wohl die Ernährung derer, die schon hungern oder bald hungern werden. Wo aber Gefahr ist, wächst das Rettende auch – dieses Wort hat sich mir selten so aufgedrängt wie vor dieser Aufgabe. Hier besteht die Möglichkeit, das Gegeneinanderprallen der Ideologien in einem produktiven Wettstreit und eine sachliche Zusammenarbeit zu verwandeln. Hier ist die große Forderung, die eine Aussicht bietet, große Kräfte freizusetzen. Wer in diesem Wettstreit versagen wird, wird die Achtung der Welt und die Selbstachtung verlieren, wer sich bewährt, mag hoffen, daß seiner Auffassung die Zukunft gehört. Wenn andere Motive nicht ausreichen, den entstabilisierenden Rüstungswettlauf zu verhindern, so vielleicht die Notwendigkeit, Geld für diesen wichtigeren Wettlauf zu sparen.

Vietnam ist heute eine blutende Wunde. Wenn die Verzweiflung des Hungers um sich greift, werden sich mehr solche Wunden bilden. Wenn jedoch die Verwandlung unseres politischen Denkens und Handelns zustandekommt, die zum Kampf gegen den Hunger gehört, werden wir vielleicht lernen, wie diese Wunde gestillt und geheilt werden kann. Was jedem von uns heute möglich ist, einerlei wie er über die politischen Fragen denkt, ist, beizutragen zur Fürsorge für die Opfer des Krieges, unangesehen der Seite, die sie verwundet hat, so wie es vorbildlich die Quäker tun.

Es wird auch für unser Volk lebenswichtig sein, nicht im Wohlstand und nicht in den eigenen Problemen, so schwer sie sind, hängen zu bleiben, sondern aktiv an dem teilzunehmen, was die Menschheit bewegt.

Ich könnte diesen kurzen Durchgang durch lange Debatten ins Breite ausdehnen. Doch wird dabei schwerlich mehr zutage kommen, als daß wir zur zeitlosen dogmatischen Deduktion der Ethik, die wir brauchen, nicht in der Lage sind. Wir werden zugeben müssen, daß positive ethische Normen einem geschichtlichen Ort, einer gesellschaftlichen Situation zugehören. In der Frage des Kriegs scheint mir das technische Zeitalter nicht eine alte oder neue Ethik des Verhaltens zu einer unwandelbaren Institution, sondern die Abschaffung dieser Institution, die Schaffung des Friedens, zu erzwingen.

in: Hermann Röhrs: Friedenspädagogik; Akademische Verlagsgesellschaft Athenaion, Frankfurt am Main, 1970, S. 108 ff.

Arbeitsaufgaben zu den Texten

zu 1.1.3

Klären Sie die Begriffe: formal-material
positiv (Sprachgebrauch)
Norm

Arbeiten Sie die kritische und rechtsbegründende Funktion des Naturrechts heraus. Diskutieren Sie anschließend die Problematik der Naturrechtslehre.

zu 1.1.5

Versuchen Sie, den Begriff der „existentiellen Spannung" zu klären und, im Zusammenhang mit dem Begriff „phronesis", zu überlegen, was diese Begriffe für den Problemkreis ‚Recht-Gerechtigkeit-Rechtsprechung' bedeuten!

zu 1.2.1

a) Vergleichen Sie den nachfolgenden Kleist-Text mit Perelmans Ausführungen: welcher Gerechtigkeits-Umschreibung ist Kohlhaas' Gerechtigkeitsidee zuzurechnen?
b) Was ist für das konkrete Denken und Handeln des einzelnen durch die Formulierung der „formalen Gerechtigkeit" gewonnen?

zu 1.3.5

Welches Verhalten (von Schülern/Kollegiaten, Lehrern, Freunden, Eltern etc.) ist Ihrer Ansicht nach aus der Forderung nach „Solidarität in der Schuld" abzuleiten?

zu 1.4.1 und 1.4.2

Stellen Sie, evtl. in einer halbgraphischen Übersicht, Parallelen bzw. Unterschiede beider Texte gegenüber.

zu 1.4.4

Welche Folgen, vor allem für die vorbeugende Bekämpfung von Kriminalität, ergeben sich, wenn die Aussagen des Textes als richtig akzeptiert werden? Informieren Sie sich in diesem Zusammenhang über die „labeling-approach"-Theorie der Kriminalitätsentstehung.[9]

Zu 1.1.6

Belegen Sie die historisch-ideologische Kritik Nietzsches am Naturrecht aus folgender Textstelle!

Man vergebe es mir als einem alten Philologen, der von der Bosheit nicht lassen kann, auf schlechte Interpretations-Künste den Finger zu legen: aber jene „Gesetzmäßigkeit der Natur", von der ihr Physiker so stolz redet, wie als ob – –

---

9 Siehe Literaturliste!

besteht nur dank eurer Ausdeutung und schlechten „Philologie" – sie ist kein Tatbestand, kein „Text", vielmehr nur eine naiv-humanitäre Zurechtmachung und Sinnverdrehung, mit der ihr den demokratischen Instinkten der modernen Seelen sattsam entgegenkommt!
„Überall Gleichheit vor dem Gesetz – die Natur hat es darin nicht anders und nicht besser als wir": ein artiger Hintergedanke, in dem noch einmal die pöbelmännische Feindschaft gegen alle Bevorrechtete und Selbstherrliche, insgleichen ein zweiter und feinerer Atheismus verkleidet liegt. „Ni dieu, ni maître" – so wollt auch ihr's: und darum „hoch das Naturgesetz!" – nicht wahr? Aber, wie gesagt, das ist Interpretation, nicht Text; und es könnte jemand kommen, der, mit der entgegengesetzten Absicht und Interpretationskunst, aus der gleichen Natur und im Hinblick auf die gleichen Erscheinungen, gerade die tyrannisch-rücksichtenlose und unerbittliche Durchsetzung von Machtansprüchen herauszulesen verstünde – ein Interpret, der die Ausnahmslosigkeit und Unbedingtheit in allem „Willen zur Macht" dermaßen euch vor Augen stellte, daß fast jedes Wort und selbst das Wort „Tyrannei" schließlich unbrauchbar oder schon als schwächende und mildernde Metapher – als zu menschlich – erschiene; und der dennoch damit endete, das gleiche von dieser Welt zu behaupten, was ihr behauptet, nämlich daß sie einen „notwendigen" und „berechenbaren" Verlauf habe, aber nicht, weil Gesetze in ihr herrschen, sondern weil absolut die Gesetze *fehlen,* und jede Macht in jedem Augenblick ihre letzte Konsequenz zieht. Gesetzt, daß auch dies nur Interpretation ist – und ihr werdet eifrig genug sein, dies einzuwenden? – nun, um so besser. –

Friedrich Nietzsche, Werke in zwei Bänden, Band II, herausgegeben von Ivo Frenzel, Wissenschaftl. Buchgesellschaft Darmstadt, 2. Auflage 1973, Seite 26/27

zu 2.3

a) Arbeiten Sie den Unterschied zwischen Recht und Sittlichkeit in einer knappen Formulierung heraus.
b) Versuchen Sie, mit den Thesen Patzigs aktuelle Probleme der Strafrechtsreform zu diskutieren (z. B. § 218 StGB, § 216 StGB)
c) Klären Sie den Begriff „Überzeugungstäter" und diskutieren Sie das Problem, ob und wenn ja, mit welcher Begründung, man einen Überzeugungstäter bestrafen kann.

zu 3.1

Wie lassen sich Konflikte aus den Ansprüchen von Artikel 19/Abschn. 1 einerseits und Abschn. 2 andererseits vermeiden?

zu 3.2

Ist der Vorwurf im letzten Absatz des Textes berechtigt? Welches konkrete Verhalten des einzelnen kann zu seiner Entkräftung beitragen?

zu 4.1.1

Vergleichen Sie Wassermanns Aussagen mit ihren eigenen Eindrücken beim Besuch eines Gerichtsverfahrens.

zu 4.1.3

Stellen Sie die Meldungen verschiedener Presseorgane (Boulevard-, Tages-, Wochenzeitung) zu einem bestimmten Prozeß gegenüber und arbeiten Sie den Unterschied heraus. Befragen Sie Ihnen bekannte Personen nach deren Meinung über diesen Prozeß.

a) Entwickeln Sie aus diesem Text die sozialpolitischen Probleme und überlegen Sie theoretische und praktische Maßnahmen zu ihrer Lösung.
b) Strafe oder Therapie: Begriffsklärung; Diskussion der Alternative; Versuch einen Ausgleich zwischen eventueller Strafnotwendigkeit und Therapienotwendigkeit zu finden und praktisch durchzudenken.

zu 4.2.3

a) Fassen Sie die Gründe, die gegen lebenslange Haft sprechen, ihrer Bedeutung nach übersichtlich zusammen.
b) Mit abstrakten Formulierungen lassen sich viele Menschen nicht von ihren emotional bestimmten, einmal festgelegten Urteilen abbringen. Wie würden Sie jemanden zu überzeugen versuchen, der in der Länge der Haftstrafe die beste Gewähr gegen Rückfälligkeit bei Straftätern sieht?

zu 4.3.2

Lassen sich Zusammenhänge zwischen diesem Bericht und den Ausführungen Menningers nachweisen?
Die Herausgeber suchten vergeblich nach Texten über Opfer der Jugendkriminalität. Überlegen Sie, woran es liegt, daß nur wenige Berichte über diese Seite der Jugendkriminalität zu finden sind.

zu 5.1

Zusammenstellung von Material über Rechtsprechung in der DDR aus entsprechender Sekundärliteratur und anschließend Vorbereitung und Leitung einer Diskussion.

zu 5.3 und 5.4

Können wir in der Bundesrepublik den Vorwurf zurückweisen, wir verhielten uns der Dritten/Vierten Welt gegenüber ebenso wie die „Dame der Gesellschaft“ in Suescuns Gedicht?

zu 6.2

Welche grundsätzlichen Aussagen des Camus-Textes lassen sich mit dem folgenden, historisch orientierten Text in Verbindung setzen?
Die ideale Welt. Die aufklärerische Idee, der Mensch könne eine ideale Welt *(monde ideal)* konzipieren und verwirklichen, geht auf einen geistigen Irrläufer zurück, der als Newtonscher Effekt umschrieben werden kann. Newtons Mechanikkonzept korrespondierte zweifellos mit bestimmten Phänomenen der physikalischen Welt. Die technischen, durchaus sachadäquaten Apparate, die mit Hilfe dieses Konzeptes erfunden werden konnten und so eine instrumentale

Beherrschung der Natur einleiteten, ließen den fatalen Eindruck aufkommen, nicht nur der Realitätsbereich physikalischer Natur, sondern Realität überhaupt lasse sich solchermaßen instrumental erfassen. Die geometrische Methode *(mos geometricus)* begann, die Geister zu faszinieren. Nicht wenige Versuche wurden unternommen, nun auch Religion und Erkenntnis, Welt und Gesellschaft in eine geometrische Ordnung zu bringen. Natürlich lag diesen Versuchen die Absicht zugrunde, die Erfolge, die Newtons Mechanik im Bereich maschineller Instrumente ermöglicht hatte (wie beim Flaschenzug zum Beispiel), auch im geistigen und politischen Bereich menschlicher Existenz herbeizuführen. Wenn einmal die Ordnung menschlicher Gesellschaft korrekt ausgezirkelt worden sei, so wurde angenommen, dann sei im Grunde das wahre, vollkommene Gesellschaftssystem, wie das Haus auf dem Reißbrett des Architekten, prinzipiell schon existent. So deformierte der Newtonsche Effekt die aufklärerische Art, politisch zu denken, zu dem Irrglauben, eine in Büchern zurechtgeschriebene *ideale Welt* müsse *ex definitione* mehr der Realität korrespondieren als alles das, was gemeinhin Realität genannt werde.

Das „Reich des Menschen“ *(regnum hominis)*, das Francis Bacon verheißen hatte und Claude Gilbert etwas genauer umschrieb, machte den menschlichen Hochmut konkurrenzlos: „Folgen wir der Vernunft, so sind wir nur noch von uns selbst abhängig und werden so gleichsam Götter.“

Die innerweltliche Erlösung. Claude Gilbert sprach aus, was der Name ‚Aufklärung‘ meint: die Botschaft vom göttlichen Reich des Menschen auf Erden. Aufgrund dieser eschatologischen Substanz aufklärerischer *philosophie* wurden die Gründe und sachlichen Ziele der Französischen Revolution vom Projekt einer innerweltlichen Erlösung unterlaufen. Zwar galt die erste Auflehnung schlicht einer konstitutionellen Monarchie, der *monarchie à l'anglaise*, doch die Erinnerung an die Versprechungen der *philosophie nouvelle*, kontinuierlich geweckt von radikaleren Abgeordneten in der Nationalversammlung, von Pamphletisten und Agitatoren im revolutionssüchtigen Paris, gaukelte mehr, nämlich die Zukunft einer idealen Welt, vor. Immer konnten radikalere Geister gemäßigtere ermahnen (und gegebenenfalls zwingen), die gemeinsam benützte Sprache der Aufklärung auch wörtlich zu nehmen. Denn das Erbe der Aufklärung, wie Morellys *Code de la nature* (1755) zum Beispiel zu entnehmen war, zahlte sich erst aus, wenn die Revolution auf eine innerweltliche Erlösung hin umgemünzt wurde: „Man hat oft gesagt, daß die Reiche, wie der Mensch, ihre Kindheit, ihre Jugend, ihre Reife und ihre Altersschwäche hätten; verhielte es sich beim ganzen Menschengeschlecht anders, solange eine gewisse Zahl von Revolutionen es einem immerwährenden Zustand der Unschuld zuführten?“

Tilo Schabert (Hrsg): Der Mensch als Schöpfer der Welt; München, List, 1971 TB Nr 1510 zu 6.3

a) Versuchen Sie, die wichtigen Begriffe „repressiv“ und „absolute Sittlichkeit“ zu erklären.
b) Wie kommt Marcuse zu dem Satz: „Sind zehntausend Opfer . . .“? Stellen Sie den vorausgehenden Gedankengang sinngemäß dar.
c) Welche Problematik steckt in dem Satz „Wenn sie nachweislich den menschlichen Fortschritt . . .“ und der Formulierung: „Die ganze Geschichte hindurch“?

zu 7.1 und 7.2

Lassen sich Zusammenhänge zwischen den hier vertretenen Thesen und der von G. Wolf beschriebenen Realität politischer Gewaltanwendung nachweisen? (In diesem Zusammenhang läßt sich der Film „Kriegsspiel“ (War game) einsetzen (Landesfilmdienst Bayern).

Anmerkungen zu einigen Autoren

ERNST BLOCH (1885–1977)

1933–1948 im Exil. 1948–1957 Professor für Philosophie in Leiptzig. 1957 zwangsemeritiert. 1961 Emigration in die Bundesrepublik Deutschland. Professur in Tübingen. Hauptwerke: Geist und Utopie (1918/1964). Erläuterungen zu Hegel (1951/1962). Das Prinzip Hoffnung (1954–1959). Naturrecht und menschliche Würde (1961). Tübinger Einleitung zur Philosophie (1963–1964).

HANNES BURGER (geb. 1937)

Stud. d. Theol, Phil. und Geschichte; Journalist und Schriftsteller. Zuerst bei der Münchner Katholischen Kirchenzeitung, jetzt bei der Süddeutschen Zeitung.
Roman: „Feichtenreut" (1973)

ALBERT CAMUS (1913–1960)

Journalist, Widerstandskämpfer, Schriftsteller (Essays, Erzählungen, Romane, Dramen). Aufruf zur Revolte gegen Despotie und Gewalt. 1957 Nobelpreis für Literatur.

HORST DOMKE

Wiss. Assistent für Pädagogik an der Universität Augsburg u. a.: Erziehungsmethoden (Verlag Ludwig Auer, Donauwörth)

HUGO GROTIUS (Huig de Groot) (1583–1645)

geboren in Delft, 1613 Ratspensionär von Rotterdam; 1619 als Angehöriger einer oppositionellen Gruppe zu lebenslangem Kerker verurteilt, Flucht nach Frankreich, 1630 in schwedischen Diensten, 1635–1645 als schwedischer Gesandter am französischen Hof, gestorben in Rostock
bedeutender Historiker, Theologe und Jurist

H. L. A. HART (geb. 1907)

englischer Jurist und Philosoph
Hauptwerke: Causation in the Law, 1959
The Concept of Law 1961
Punishment and Responsibility, 1968

RUDOLF VON IHERING (1818–1892)

Professor für römisches Recht (Basel, Rostock, Kiel, Gießen, Wien, Göttingen)
Erster Vertreter eines juristischen Naturalismus, der das Recht kausalgesetzlich aus der Wirklichkeit der Gesellschaft erklärt und als durch den Zweck des einzelnen und der Gesellschaft begründet ansieht. Großer Einfluß seiner Schriften bis ins 20. Jahrhundert.

LUC JOCHIMSEN

Journalistin beim Deutschen Allgemeinen Sonntagsblatt Hannover

FRANZ KAFKA (1883–1924)

Jurist und Dichter
Romane: Amerika, Das Schloß; Erzählungen u. a.: Das Urteil, Die Verwandlung
„Der Prozeß" wurde 1925 posthum veröffentlicht

IMMANUEL KANT (1724–1804)

1770 Professor für Philosophie in Königsberg. Abschluß und Überwindung der Aufklärung, zugleich Ausgangspunkt für viele moderne philosophische Richtungen.

CAROLINA MARIA DE JESUS (Brasilianerin, geb. 1914)

Text aus „Tagebuch der Armut", Ch. Wegner-Verlag, Hamburg. 1962 (aus dem Portugiesischen von Johannes Gerold)

HERBERT MARCUSE (1898–1979)

1954 Prof. für Philosophie an der Brandeis-University (Massachusetts)
Hauptwerke: Vernunft und Revolution (1941); Der eindimensionale Mensch (1964); Kultur und Gesellschaft (1965); Repressive Toleranz (1966)

GERHARD MAUZ

Jurist und Journalist; regelmäßige kritische Gerichtsreportagen, zuerst in der „Welt", jetzt im „SPIEGEL"
Veröffentlichungen: „Die Gerechten und die Gerichteten", „Die strafende Gesellschaft"

GUSTAV NASS (geb. 1901)

Stellvertretender Direktor einer großen Strafanstalt, Chefpsychologe im hessischen Justizministerium. Seit 1965 als freier Wissenschaftler arbeitend.
Präsident der Deutschen Gesellschaft für vorbeugende Verbrechensbekämpfung.
Veröffentlichungen:
Der Mensch und die Kriminalität, 1959–61
Ursprung und Wandlungen des Schuldbegriffes, 1963
Die kriminologische Beurteilung sexueller Tötungsdelikte, 1966

PABLO NERUDA (Chilene, 1904–1973)

Politiker, Lyriker, Diplomat
Text aus: „Canto General", Mexico, 1950 (aus dem Spanischen von Erich Arendt)

FRIEDRICH WILHELM NIETZSCHE (1844–1900)

Studium der klassischen Philologie, 1869–79 Professur in Basel, dann krankheitshalber aufgegeben
Bedeutender deutscher Philosoph der 2. Hälfte des 19. Jahrhunderts

CHAIM PERELMAN (geb. 1912 in Warschau)

lebt seit 1925 hauptsächlich in Brüssel
Professor für Logik und Metaphysik (seit 1944) an der Freien Universität Brüssel

FLORIDOR PEREZ (geb. 1937, Chilene)

Lyriker
Text aus der Zeitschrift „Casa de las Américas" Nr. 69, Havanna, 1971
(aus dem Spanischen von Peter Schultze-Kraft)

GUSTAV RADBRUCH (1878–1945)

Rechtsphilosoph, Strafrechtler und Politiker
Professor in Königsberg, Kiel und Heidelberg
1920–24 Abgeordneter der SPD im Reichstag, 1920–21 und 1923 Reichsjustizminister
1922 Reformentwurf für das StGB
1933–45 aus politischen Gründen amtsenthoben
Viele der heute aktuellen Reformgedanken wurden von seinen Vorstellungen beeinflußt

HEINZ HORST SCHREY (geb. 16. 9. 1911)

Prof. f. evang. Theologie und Philosophie
Forschungsschwerpunkte: Sozialphilosophie und Ethik

NICOLÁS SUESCUN (geb. 1937, Kolumbianer)

Lyriker, Erzähler, Zeichner
Text aus „Frutos del capitalismo" (unveröffentlicht)
Aus dem Spanischen von Peter Schultze-Kraft

ADOLF SÜSTERHENN (geb. 1905)

Dt. Jurist und Politiker. Schriften zum Naturrecht.

ERIC VOEGELIN (geb. 1901)

1938–58 Prof. f. polit. Wissenschaften in den USA, 1958–69 Ordinarius f. polit. Wissenschaften in München
Werke: „Order and History", „Die neue Wissenschaft der Politik" u. a.

RUDOLF WASSERMANN (geb. 1925)

Landgerichtspräsident in Göttingen

CARL FRIEDRICH VON WEIZSÄCKER (geb. 1912)

Professor für Physik in Göttingen, dann für Philosophie in Hamburg; 1963 Friedenspreis des deutschen Buchhandels; bis 1979 Direktor des Max-Planck-Instituts für Friedensforschung.

EDMUND WOLF

Journalist und Schriftsteller, Korrespondent der Süddeutschen Zeitung für Großbritannien und die USA

Weiterführende Literatur

Badura/Deutsch/Roxin: Recht. Fischer-Lexikon 12, Neuausgabe 1971 ff.:
lz 4.1 und 4.3: Artikel: Rechtsphilosophie, Rechtssoziologie, Strafrecht und Strafrechtsformen. Historischer und inhaltlicher Überblick über die bisherige Entwicklung und den gegenwärtigen Stand.

Baumann, J.: Grundbegriffe und System des Strafrechts. Kohlhammer, Stuttgart 1974:
lz 4.1 und 4.3

Bloch, Ernst: Naturrecht und menschliche Würde. Suhrkamp Tb 49, Frankfurt 1972:
lz 4.1: Kap. 1–19: Naturrechtsentwicklung (hist.), Kap. 20: hist. marxistische Kritik
lz 4.2: Kap. 22: Recht und Moral
lz 4.1 und 4.6: Kap. 23: Strafe und Strafrecht

Bonstedt, Christoph: Organisierte Verfestigung abweichenden Verhaltens. Juventa. München 1974²:
lz 4.6: Überblick über den gegenwärtigen Stand der Erkenntnisse zur Bandenbildung bei Jugendlichen etc.

Brauneck, Anne-Eva: Allgemeine Kriminologie. rororo-Studium Nr. 57, Reinbek 1974:
lz 4.1 und 4.3

Brunner, Gerhard: Rechtskunde – Die Rechtsordnung der BRD in Unterrichtsmodellen. Ehrenwirth, München 1974:
lz 4.1 und 4.3

Brüstle, Dieter u. a.: Strafvollzug in der BRD. Südd. Verlagsgesellschaft, Ulm 1974

Cerroni, Umberto: Marx und das moderne Recht. Fischer Tb. 6520, Frankfurt 1974:
lz 4.1: Rekonstruktion der Konzeption des Rechts bei Marx

Deimling, Gerhard: Recht und Moral. Luchterhand-Arbeitsmittel, Neuwied 1972:
lz 4.2: 3. Kapitel: Recht, Moral und Ethik als gesellschaftliche und staatliche Ordnungsfaktoren

Edelmann, Carl: Kritik der Strafrechtsreform. Edition Suhrkamp Nr. 264:
lz 4.3 und 4.6

Feest, J./Blankenburg, E.: Die Definitionsmacht der Polizei: Strategien der Strafverfolgung und sozialen Selektion. Bertelsmann Universitätsverlag, Düsseldorf 1972:
lz 4.3 und 4.6

George, Siegfried: Jugendliche Strafgefangene. Unterrichtsmodell und Materialien in: Politische Bildung 4/73, Klett, Stuttgart, S. 71 – 78:
lz 4.6: Die grundsätzlichen methodisch-didaktischen Überlegungen lassen sich auch für die Oberstufe verwenden bzw. dort selbst zur Diskussion stellen, ebenso das Material

Görlitz, Axel (Hrsg.): Handlexikon der Rechtswissenschaft 1 und 2 rororo-Tb. 6179/80, Reinbek 1974:
lz 4.1 und 4.3

Goffman, Ervin: Asyle. Edition Suhrkamp 678, Frankfurt 1974:
lz 4.6: Persönlichkeitsschädigung durch Verwahrung

Hannover, H. und E.: Politische Justiz 1918–33. Fischer Tb 770, Frankfurt 1966:
lz 4.3 und 4.6: Beispiele für weltanschauungsgebundene/interessengebundene Urteile aus verschiedenen Bereichen; besonders Kap. 1: Die Richter

Hassemer, Winfried: Strafrechtsdogmatik und Kriminalpolitik. rororo-Studium 56, Reinbek 1974:
lz 4.2 und 4.6: Kap. 2: Die Kriminalpolizei; Abschn. 2.1: abweichendes Verhalten und seine Definition; 2.2: Funktion der Kriminalpolitik

Kaiser u. a.: Kleines kriminologisches Wörterbuch. Herder Tb Nr. 479, Freiburg 1974:
lz 4.1 und 4.3

Kaufmann, Arthur: Wozu Rechtsphilosophie heute? Akademische Verlagsgesellschaft Athenaion, Frankfurt 1971:
lz 4.1

Kaufmann, Arthur/Hassemer, W.: Grundprobleme der zeitgenössischen Rechtsphilosophie und Rechtstheorie. Akad. Verlagsgesellschaft Athenaion, Frankfurt 1971:
lz 4.1

Kaufmann, Arthur u. a.: Die Strafvollzugsreform. C. F. Müller, Karlsruhe 1971:
lz 4.6

Keckeisen, Wolfgang: Die gesellschaftliche Definition abweichenden Verhaltens. Perspektiven und Grenzen des „labeling approach". Juventa, München 1974

Luhmann, Niklas: Rechtssystem und Rechtsdogmatik. Urban xtb 195:
lz 4.1

Luhmann, Niklas: Rechtssoziologie 1 und 2. rororo-Studium 1 und 2, Reinbek 1972:
lz 4.2 und 4.3

Mauz, Gerhard: Die Gerechten und die Gerichteten. Ullstein, Frankfurt/Berlin 1968 (auch Deutscher Bücherbund Nr. 8022/6):
lz 4.3 und 4.6: Vor- und Nachwort: Zur Rolle der Justiz in der Gesellschaft und zum Verhältnis Gesellschaft – Straftäter

Moor, Paul: Das Selbstporträt des Jürgen Bartsch. Fischer Tb 1187, Frankfurt 1972:
lz 4.3 und 4.6: Vorwort (Mauz) und Einleitung (Brocher): Exemplarische Nichtbewältigung eines Falles durch Gesellschaft und ihre Institutionen (Presse, Justiz).

Moser, Tilman: Jugendkriminalität und Gesellschaftsstruktur. Zum Verhältnis von soziologischen, psychologischen und psychoanalytischen Theorien des Verbrechens. Fischer Tb 6158, Frankfurt; geb. Suhrkamp, Frankfurt 1971:
lz 4.1 und 4.6: Grundlegende Information über die wichtigsten Theorien zur Verbrechensentstehung (geeignet für Referate)

Müller-Dietz, Heinz: Strafvollzug und Gesellschaft. Akad. Verlagsgesellschaft Athenaion, Frankfurt 1970:
lz 4.6

Naegeli, Eduard: Das Böse und das Strafrecht. Kindler Tb Nr. 2021:
lz 4.1 und 4.3

Nass, Gustav: Die Kriminellen. dtv. Nr. 387, München 1966:
lz 4.1: Kap.: Schuld und Strafe
lz 4.2: Kap. Kriminalität als Entwicklungserscheinung
lz 4.3 und 4.6: Kap. Der Kriminelle im Lichte der Öffentlichkeit/ Die Strafanstalt als seelisches Erlebnis

Naucke, Wolfgang/Trappe, Paul: Rechtssoziologie und Rechtspraxis. Sammlung Luchterhand Nr. 8, Darmstadt 1970:
lz 4.3 und 4.6: 2. Teil, 1. Abschn.: Zur Soziologie des Gerichtsverfahrens (Wassermann)

Opp, Karl-Dieter: Soziologie im Recht. rororo-Studium 52, Reinbek 1973:
lz 4.2 und 4.3

Perelman, Chaim: Über die Gerechtigkeit. C. H. Becksche Schwarze Reihe Nr. 45, München 1967:
lz 4.1: Kap. 1, Abschn. 1 und 2 Kap. 2, Abschn. 1, 3 und 4

RADIUS, Heft 1 1971. Stuttgart, Radius-Verlag 7 S 50, Mercedes Str. 5–7:
lz 4.1, 4.2 und 4.6: Sechs grundsätzliche Artikel: Was Recht ist, muß Recht bleiben; Verhältnis Freiheit-Gerechtigkeit; Moral und Recht; Strafen oder Behandeln; Gutachter im Prozeß

Reiwald, Paul: Die Gesellschaft und ihr Verbrecher. Suhrkamp Tb 130, Frankfurt 1973:
lz 4.1 und 4.3: Einleitung von Herbert Jäger: Psychologie des Strafrechts und der strafenden Gesellschaft (Grundinformation zu diesem Bereich)

Rottenleuthner, Hubert: Rechtswissenschaft als Sozialwissenschaft. Fischer Tb 6514, Frankfurt 1973:
lz 4.1: Kap. 2: juristische Leitbilder. Diskussion der Wertorientierungen von Richtern, die der heutigen Rechtsprechung mehrheitlich zugrundeliegen.

Schneider, Hans-Joachim: Jugendkriminalität im Sozialprozeß. Kleine Vandenhoeck-Reihe Nr. 1390, Göttingen 1974:
lz 4.1 und 4.6

Schüler-Springorum, Horst: Was stimmt nicht mit dem Strafvollzug? C. Wegner, Hamburg 1970:
lz 4.6

Wassermann, Rudolf: Justiz im sozialen Rechtsstaat. Sammlung Luchterhand Nr. 168, Darmstadt 1974:
lz 4.2: Teil A, Abschn. 1: Recht und Veränderung
lz 4.6: Teil B, Abschn. 1, 2 und 4: Justizklima, soziales Verhalten vor Gericht, Chancengleichheit
lz 4.2 und 4.6: Teil C, Abschn. 3: strafende Gesellschaft

Zippelius, Reinhold: Das Wesen des Rechts. C. H. Becksche Schwarze Reihe Nr. 35, München 1969:
lz 4.1: Grundsätzliche Informationen und historischer Überblick über Begriff des Rechts, Geltungsprobleme, Gerechtigkeit, Rechtssicherheit

Frieden

Czempiel, E. O.: Schwerpunkte und Ziele der Friedensforschung. Kaiser und Grünewald, München 1972

Dürr, O.: Frieden – Herausforderung in der Erziehung. Calwer, Stuttgart 1971

Frieden. Begleitmaterialien zum Schulfernsehen Bd 8, Colloquium-Verlag, Berlin 1973

Frieden. Materialien zur politischen Bildung Nr. 2 1974, Luchterhand

Frieden. Religionspädagogische Modelle. Kösel-Diesterweg, München-Frankfurt

Friedensforschung. Aus Politik und Zeitgeschehen Nr. 20, 1974 (Beilage zum „Parlament“, kostenlos als Klassensatz erhältlich, solange vorrätig)

Friedenspädagogik und Dritte Welt. Urban Tb Nr. 848, Kohlhammer, Stuttgart

Kabel/Assee: Friedensforschung. Schriftenreihe der Bundeszentrale für politische Bildung, Bonn 1971

Kabel, Rainer: Mobilmachung zum Frieden. Katzmann, Tübingen 1971

Kaiser, Karl: Friedensforschung in der BRD. Vandenhoeck und Rupprecht, Göttingen 1970

Köhler, Klaus: Problemkreis Krieg und Frieden. Don Bosco, München 1972

Küpper, Chr. Frieden im Blickpunkt der Pädagogik; dies.: Friedenserziehung im Schulunterricht; dies.: Unterrichtsmodelle: Südamerika; Aggression und Schule; Histor.-polit. Friedenserziehung; ausländische Arbeiter

Noack, Paul: Friedensforschung – ein Signal der Hoffnung? Eurobuch A. Lutzeyer, Freudenstadt 1970

Pfister/Wole: Friedenspädagogik heute. Universitätsverlag Becksmann, Freiburg 1972

Röhrs, Hermann: Friedenspädagogik. Akadem. Verlagsgesellschaft, Frankfurt/Main 1970 (Beiträge von Jaspers und Weizsäcker)

Wulf, Christian: Kritische Friedenserziehung. Edition Suhrkamp Nr. 661 (darin vor allem: Vilmar, Fritz S. 65–73)

Wulf, Christian: Friedenserziehung in der Diskussion. Serie Piper, München, Nr. 64, 1973

Veröffentlichungen der Studiengesellschaft für Friedensforschung München 19, Dachauer Str. 189/II

Vom Frieden. Hannoversche Beiträge zur politischen Bildung Nr. 4 1967, Niedersächsische Landeszentrale für politische Bildung, Hannover

Literaturnachweis

Bloch, E.: Naturrecht und menschliche Würde. Frankfurt/Main: Suhrkamp 1961, S. 63–65 und S. 281–83 und S. 16–19

Bundesgerichtshof: zit. in: Recht und Gesellschaft 1/1970, S. 9 (München: Beck)

Bundesministerium der Justiz: Entwurf über den Vollzug der Freiheitsstrafe . . . – Strafvollzugsgesetz. Bonn 1973, S. 11

Burger H.: Sie schlagen und rauben aus Angst. In: Süddeutsche Zeitung 30./1. VII. 1973, S. 3

Camus, A.: Der Mensch in der Revolte. Reinbek: Rowohlt 1953, S. 208 ff

Coing, H.: Grundzüge der Rechtsphilosophie. Berlin: de Gruyter 1950, S. 212–14

Czempiel, E. O.: Schwerpunkte und Ziele der Friedensforschung. München: Kaiser/Grünewald 1972, S. 34–38

Domke, H.: Erziehungsmethoden. Donauwörth, Auer 1973, S. 40–44

Egg, R. E.: Sozialtherapie in Erlangen. In: Bewährungshilfe 22. Jahrgang 1975, S. 2 ff.

Griffel, A.: Der Mensch-Wesen ohne Verantwortung? Regensburg: Habbel 1975, S. 209 ff.

Grotius, H.: De iure bellis ac pacis 1625. Tübingen: Mohr, 1950

Hart, H. L. A.: Recht und Moral. Göttingen; Vandenhoeck und Rupprecht 1971, S. 61–68

Heumann, H. (Hrsg.): Die Länder der Dritten Welt – Aufgabe der Zukunft. Quellentexte zur Zeitgeschichte für die Schule. 2. Auflage Frankfurt/Main: Hirschgraben 1974

Ihering, R. v.: Der Kampf ums Recht. 15. Auflage. Frankfurt/Main: Klostermann 1903, S. 51–53

Ihering, R. v.: Recht und Sitte. München: Langen o. J., S. 36/37

Jeschek, H. H.: Einführung zum Strafgesetzbuch. München: dtv-beck (originalausgabe) 1975, S. 10 f.

Jochimsen, L.: Das Lügenmärchen von den Leichtlohngruppen. In: Deutsches Allgemeines Sonntagsblatt 22. VII. 1973

Kafka, F.: Der Prozeß. Frankfurt/Main: Fischer 1953, S. 252 f.

Kant, I.: Der Streit der Fakultäten. In: Werke Frankfurt: Suhrkamp o. J. Bd IX, S. 357–60

Kant, I.: Beantwortung der Frage: Was ist Aufklärung? In: Werke Bd XI S. 54/55

Kaufmann, A.: Eine Chance für den Schuldigen. In: Süddeutsche Zeitung 15./16. V. 1976

Kleist, H. v.: Michael Kohlhaas. In: Gesammelte Werke, München: Hanser 1966, S. 613–16

Marcuse, H.: Ethik und Revolution. In: Kultur und Gesellschaft Bd. 2 Frankfurt/Main: Suhrkamp 1970, S. 55 f.

Maurach, R.: Deutsches Strafrecht, Allgemeiner Teil. 4. Auflage Karlsruhe CF Müller 1971, S. 56/57 und S./74

Mauz, G.: Die Gerechten und die Gerichteten. Frankfurt/Main-Berlin: Ullstein 1968, S. 5/7

Mauz, G.: Von Beruf Hampelmann. In: DER SPIEGEL 10/1971, S. 81/82

Menninger, K.: Strafe – ein Verbrechen? München: Piper 1970

Müller, M und Halder, A. (Hrsg): Kleines philosophisches Wörterbuch. Freiburg: Herder 1971, S. 183/84

Nass, G.: Die Kriminellen. München: dtv (originalausgabe) 1966, S. 8 ff.

Nationalrat der Nationalen Front des demokratischen Deutschland: Verfassung der Deutschen Demokratischen Republik. Berlin 1968

Nietzsche, F.: Zur Genealogie der Moral. In: Werke in drei Bänden. München Hanser o. J. Bd. II, S. 822/23

Nietzsche, F.: Werke in zwei Bänden (hrsgb. v. I. Frenzel) 2. Auflage. Darmstadt Wissenschaftliche Buchgesellschaft 1973, S. 26/27

Pannenberg, W.: Schuld und Sühne. In: Süddeutsche Zeitung, Nr. 86, 10–4–197

Patzig, G.: Ehtik ohne Metaphysik. Göttingen: Vandenhoeck und Rupprecht 1971, S. 11 und 14

Perelman, Ch.: Über die Gerechtigkeit. München: Beck 1967, Schwarze Reihe Band 45, S. 14–20 und 26–28

Pinter, D.: Rechtskunde 1 – Grundwissen Privates und Öffentliches Recht München: Hueber–Holzmann 1974, S. 210/11

Radbruch, G.: Einführung in die Rechtswissenschaft. 10. Auflage. Stuttgart: Koehler 1961, S. 106 ff.

Ryffel, H.: Grundprobleme der Rechts- und Staatsphilosophie – Philosophische Anthropologie des Politischen. Neuwied-Berlin: Luchterhand 1969, S. 358–61

Schabert, T. (Hrsg): Der Mensch als Schöpfer der Welt. München: List 1971, S. 18 f.

Schrey, H. H.: Einführung in die Ethik. Darmstadt: Wissenschaftliche Buchgesellschaft 1972, S. 41–43

Süsterhenn, A.: Das Naturrecht. In: Kirche in der Welt 1. Jahrgang 1947

Voegelin, E.: Anamnesis – Zur Theorie der Geschichte und Politik. München: Piper 1966, S. 124

Wassermann, R. Zur Soziologie des Gerichtsverfahrens. In: Naucke/Trappe: Rechtssoziologie und Rechtspraxis. Neuwied-Berlin: Luchterhand 1970, S. 144–49

Weizsäcker, C. F. v.: Der Weltfriede als Lebensbedingung des technischen Zeitalters. In: Röhrs, H.: Friedenspädagogik. Frankfurt/Main Akademische Verlagsgemeinschaft Athenaion 1970, S. 108 f.

Wolf, E.: Die Jahre der Folter. In: Süddeutsche Zeitung 2/3. III 1974